ध्रुवस्वामिनी

ध्रुवस्वामिनी

जयशंकर प्रसाद

भूमिका

देवेन्द्र राज अंकुर

वाणी प्रकाशन

वाणी प्रकाशन

4695, 21-ए, दरियागंज, नयी दिल्ली 110 002

फ़ोन : +91 11 23273167 फ़ैक्स : +91 11 23275710

शाखाएँ

अशोक राजपथ, पटना 800 004, बिहार

कॉफ़ी हाउस कैम्पस, महात्मा गांधी मार्ग, इलाहाबाद 211 001, उत्तर प्रदेश

महात्मा गांधी अन्तरराष्ट्रीय हिन्दी विश्वविद्यालय, वर्धा 442 001, महाराष्ट्र

सुल्तानिया रोड, मोतिया पार्क, भोपाल 462 001, मध्य प्रदेश

www.vaniprakashan.com
marketing@vaniprakashan.in
sales@vaniprakashan.in

Dhruvswamini
by Jaishankar Prasad

ISBN : 978-93-5000-470-8
Play

संस्करण 2010, 2016
आवृत्ति संस्करण 2021

मूल्य : ₹ 80

आर. टेक ऑफ़सेट प्रिंटर्स, दिल्ली-110032 में मुद्रित

वाणी प्रकाशन का लोगो मक़बूल फ़िदा हुसेन की कूची से

ध्रुवस्वामिनी का रंगमंचीय अध्ययन

प्रसाद के तीन नाटक – 'चंद्रगुप्त', 'स्कंदगुप्त' और 'ध्रुवस्वामिनी' – उनके सभी नाटकों में सबसे ज़्यादा चर्चित रहे हैं। मात्र पाठ्य–पुस्तक के रूप में ही नहीं वरन् अपने प्रस्तुतिकरण को लेकर भी। जहाँ पहले दोनों नाटक अपनी अनेकानेक प्रस्तुतियों के बावजूद प्रदर्शन एवं अभिनय संबंधी प्रश्नों एवं समस्याओं से घिरे रहे हैं, वहाँ 'ध्रुवस्वामिनी' संभवतः सबसे ज़्यादा प्रदर्शित नाटक तो है ही, इससे भी ज़्यादा महत्त्वपूर्ण बात यह है कि प्रदर्शन एवं अभिनय से संबद्ध सबसे कम आपत्तियाँ इसी नाटक पर उठाई गई हैं। इससे नाटक की सफलता एवं लोकप्रियता स्वयं सिद्ध है।

मुझे लगता है कि नाटक को मिली सफलता एवं लोकप्रियता के पीछे कई कारण हैं, जिन पर विस्तार से चर्चा करना अपेक्षित है। सबसे पहले तो नाटक के कथ्य को ही लें। आज से साठ-पैंसठ वर्ष पहले स्त्री को केंद्र में रखकर एक नाटक की सृष्टि करना निश्चय ही साहस का काम था, जिसने एकदम से सामाजिकों का ध्यान अपनी ओर आकृष्ट किया। इसमें कोई संदेह नहीं कि तत्कालीन स्वतंत्रता संग्राम से जुड़े सारे आंदोलनों, सत्याग्रहों एवं समाज सुधार के कार्यक्रमों ने भी ऐसे नाटक की रचना के लिए एक निश्चित पृष्ठभूमि तैयार कर दी थी। इतना ही नहीं, इस नाटक की रचना से पचास-पचपन वर्ष पहले इब्सन का 'ए डॉल्स हाउस' अर्थात् 'गुड़ियाघर' लिखा और खेला जा चुका था और उसने भी अपने समय के रूढ़िवादी पश्चिमी समाज को झकझोर कर रख दिया था। स्वयं अपने देश में 'ध्रुवस्वामिनी' के आसपास ही 'अछूत कन्या' जैसी फ़िल्मों का निर्माण भी होने लगा था। कहने का तात्पर्य यही है कि जिस समय प्रसाद ने इस नाटक के कथ्य को उठाया, वह उसके लिए बहुत ही उपयुक्त समय था।

लेकिन कथ्य का स्त्री-परक होना ही चर्चा के लिए पर्याप्त कारण नहीं है, बल्कि एक स्त्री द्वारा एक नपुंसक पति का अस्वीकार और वह भी धर्म के अनुमोदन

से; यह एक ऐसा विस्फोटक एवं क्रांतिकारी कथ्य था, जो उस समय तो बिलकुल ताज़ा एवं अनछुआ था ही, शायद आज भी उतना ही सार्थक है। पुरुष जब और जिस रूप में चाहे, स्त्री का त्याग करने के लिए स्वतंत्र है, किंतु यदि यही पहल कहीं स्त्री की ओर से हो जाती है तो आज भी पुरुष मन कहीं इसे खुले हृदय से स्वीकार नहीं कर पाता। और सबसे बड़ी बात यह कि ऐसे कथ्य को आज के समकालीन परिवेश में से नहीं, नाटककार ने समुद्रगुप्तकालीन सुदूर अतीत में से खोजकर नाटक के कथानक का ताना-बाना तैयार किया है। एक ऐतिहासिक परिवेश, राजनीति एवं धर्म जैसी कठोर संस्थाओं के भीतर स्त्री और पुरुष के आपसी रिश्तों की जाँच-पड़ताल और अंततः धर्म एवं राजनीति का भी स्त्री के पक्ष में गवाही देना-निश्चय ही यह ऐसा कथ्य था, जिसने तत्कालीन बौद्धिक वर्ग को तो आकर्षित किया ही, उसके बाद भी इस नाटक की माँग बराबर बनी रही। यह मात्र संयोग नहीं कि छात्राओं के विद्यालयों-महाविद्यालयों में जितने प्रदर्शन इस नाटक के हुए हैं, उतने शायद ही किसी और नाटक के हुए हों।

कथ्य के साथ ही जुड़ा हुआ जो दूसरा पहलू है, वह है इस नाटक का शिल्प एवं शैली। जिस रूप एवं संरचना की खोज में प्रसाद अपने सभी नाटकों के माध्यम से लगे रहे, उन सबका मानो निचोड़ है 'ध्रुवस्वामिनी'। इसीलिए यह उनका अंतिम नाटक भी है। अपने कलेवर में सुगठित एवं एक ऐसी संक्षिप्तता लिए हुए जो प्रसाद के अन्य नाटकों में दुर्लभ है। पूरे नाटक में केवल तीन अंक हैं और तीनों अंकों में एक-एक दृश्य। इतना ही नहीं, प्रत्येक अंक में केवल एक ही दृश्यबंध अथवा परिवेश—स्थान, समय और कार्य-व्यापार की अद्भुत समन्विति।

नाटक अपने शिल्प एवं शैली में यथार्थवादी है, किंतु यह यथार्थवाद पश्चिम से आयातित नहीं वरन् भारतीय एवं पाश्चात्य रंग-परंपराओं के मिश्रण से अपना एक अलग ही रूप और रंग तैयार करता है। प्रत्येक अंक का दृश्यबंध एक ओर तो झील, झारने, पर्वत, लता एवं पेड़-पौधों जैसे प्रकृतिवादी तत्त्वों की माँग करता है, दूसरी ओर रँगे हुए परदों, स्तंभों एवं प्राचीरों की उपस्थिति से पारसी रंगमंच वाले दृश्यांकन की याद दिलाता है। एक ओर चरित्रों के आपसी संवादों में लगभग रोज़मर्रा के संभाषण की शैली, दूसरी ओर उनके लंबे-लंबे स्वगत। एक ओर युद्ध जैसी पृष्ठभूमि, दूसरी ओर प्रणय की अनेक छवियाँ। एक ओर राजनीति, दुरभि-संधि एवं षड्यंत्र जैसे कठोर प्रसंग, दूसरी ओर बीच-बीच में गीतों का प्रयोग। कुल मिलाकर, एक ऐसी शैली का जन्म होता है, जिसे न तो हम अंतिम रूप से यथार्थवादी कह सकते हैं,

न शास्त्रीय, न लोक, न पारसी और न शैलीबद्ध। फिर भी यदि कोई संज्ञा देने की आवश्यकता पड़ती ही है तो हम भारतीय यथार्थवादी अथवा लोकधर्मी कहकर काम चला सकते हैं।

केवल इतना ही नहीं, लुई पिरांदेलो जैसे नाटककार के संदर्भ में, पश्चिम में जिस भ्रम और वास्तविकता का इतना विवेचन हुआ है, वह यहाँ उससे पूर्व ही या लगभग उसके समकालीन नाटककार में कहीं उससे ज़्यादा मौजूद है। एक छोटे से नाटक के भीतर तीन-तीन नाटक—सबसे पहले मंदाकिनी द्वारा खड्गधारिणी के वेश में गूँगी का अभिनय, उसके बाद बौने, कुबड़े और हिजड़े का प्रसंग और अंत में चंद्रगुप्त का स्त्रीवेश धारण करके शकराज से मिलने जाना। ये तीन स्थितियाँ ऐसी हैं जो अपने आप में तो नाटकीय हैं ही, इससे भी ज़्यादा किसी निर्देशक के लिए भ्रम क्या है? वास्तविकता क्या है? ऐसे प्रश्न भी खड़े कर देती हैं।

नाटक का शिल्प एक अन्य दृष्टिकोण से भी यथार्थवाद के बने-बनाए ढाँचे को तोड़कर रख देता है। नाटक का प्रत्येक अंक एक सम स्थिति से शुरू होता है और हर बार एक नए चरम बिंदु तक पहुँचता है। उदाहरण के लिए, पहले अंक की शुरुआत ध्रुवस्वामिनी के मंथर गति से आगे बढ़ते स्वगत-संभाषण से होती है और अंत ध्रुवस्वामिनी को उपहार-स्वरूप शकराज के पास भेजने वाले रामगुप्त के विस्फोट निर्णय से होता है, दूसरे अंक की शुरुआत कोमा के स्वगत एवं एकांत प्रणय-निवेदन से होती है और अंत शकराज की बीभत्स मृत्यु पर होता है, तीसरा अंक घायलावस्था में ध्रुवस्वामिनी एवं मंदाकिनी के परस्पर संभाषण से आंरभ होता है और अंततः धर्म, सत्ता, राजनीति के साथ-साथ ध्रुवस्वामिनी द्वारा रामगुप्त के निश्चित अस्वीकार व बहिष्कार पर समाप्त होता है। चुनौती यही है कि प्रत्येक अंक अपने चरमोत्कर्ष पर पहुँचता है, दूसरे अंक की वहीं से शुरुआत न होकर पुनः एक नए बिंदु से होती है और तीसरा अंक भी इसका अपवाद नहीं—एक साथ इतने सारे चरमोत्कर्ष एक ही नाटक में बिरले ही मिलते हैं।

नाटक के लगभग सभी पात्रों की बहुआयामिता एक ऐसा तत्त्व है जो ध्रुवस्वामिनी की अभिनय एवं प्रस्तुतिपरक संभावनाओं को बहुत दूर तक ले जाता है —ध्रुवस्वामिनी, रामगुप्त, चंद्रगुप्त, शिखरस्वामी, शकराज, कोमा, मंदाकिनी—किसी भी चरित्र का आकलन करें तो वह सीधी-सादी रेखाओं में उकेरा ही नहीं जा सकता। यहाँ तक कि महाराजपुरोहित जैसा पात्र भी नाटकीय अंतर्द्वंद्व से मुक्त नहीं। इसी से मिलता—जुलता एक और समानांतर-एक स्त्री ध्रुवस्वामिनी और चुनाव दो पुरुषों

में से करना है-रामगुप्त और चंद्रगुप्त। इसके विपरीत एक पुरुष शकराज और चुनाव दो स्त्रियों में से करना है—कोमा और ध्रुवस्वामिनी। ऐसा ही एक और समानांतर तीनों स्त्रियों के माध्यम से प्रस्तुत किया जा सकता है-ध्रुवस्वामिनी, कोमा और मंदाकिनी यानी प्रेम के तीन अलग-अलग रूप। रामगुप्त के साथ शिखरस्वामी है तो शकराज के साथ खिंगिल। इस प्रकार नाटक के शिल्प में इतने अलग-अलग और आपस में एक—दूसरे के विरोध में प्रस्तुत चित्र प्रस्तुति में कई तरह की संभावनाओं को जगाते हैं जो दृश्यगत तो होंगी ही, व्याख्या की दृष्टि से भी नई अर्थ-छायाएँ उद्भूत करेंगी।

युद्ध की पृष्ठभूमि में—पूरे नाटक में कहीं भी सीधे-सीधे युद्ध को घटते हुए नहीं दिखाया गया वरन् उसके परिणाम का विश्लेषण है यह नाटक। मात्र शकराज की मृत्यु मंच पर होती है, चंद्रगुप्त लौह पुरुष शृंखलाओं में जकड़ा जाता है और उन्हें तोड़ डालता है अथवा अंतिम अंक में रामगुप्त द्वारा चंद्रगुप्त पर आक्रमण—इन कुछ घटनाओ को छोड़ दें, तो पूरा नाटक चर्चा, परिचर्चा एवं वाद-विवाद के माध्यम से आगे बढ़ता है, जो पुनः उसे यथार्थवादी अभिनय-शैली के निकट ले आता है।

मैंने ऊपर स्थान, समय और कार्य-व्यापार की अद्‌भुत समन्विति की चर्चा की थी। इन तीनों में भी जो अलग से रेखांकित की जा सकती है, वह है समय की अन्विति। संस्कृत, ग्रीक एवं यथार्थवादी नाटकों की भाँति यहाँ भी प्रत्येक अंक की समयावधि एक दिन के भीतर ही सीमित है। प्रत्येक अंक सुबह की किरणों से शुरू होता है और रात्रि के आगमन से उसका अवसान होता है। लेकिन एक तथ्य की ओर आज तक किसी का ध्यान नहीं गया कि 'ध्रुवस्वामिनी' में समय की अन्विति का इस सीमा तक ध्यान रखा गया कि नाटक के तीनों अंक एक-दूसरे के बाद आने वाले लगातार तीन दिनों में बँधे हुए हैं। यह तथ्य प्रस्तुति में पात्रों से जुड़े तकनीकी पक्षों, यथा—वेशभूषा, रूपसज्जा एवं प्रकाश-योजना इत्यादि की परिकल्पना में सहायक सिद्ध होगा।

अभी तक नाटक के आलेख में उपलब्ध जितने नाटकीय तत्त्व हो सकते थे, उनके माध्यम से उसकी प्रस्तुतिपरक संभावनाओं की विवेचना की गई है लेकिन एक तत्त्व को जानबूझकर अभी तक अनछुआ रहने दिया गया था और वह है इस नाटक के लिए एक उचित अभिनय-शैली की खोज। जैसा कि अभी तक के विवेचन से स्पष्ट हो गया होगा कि यह नाटक ऐतिहासिक परिवेश में स्थित होते हुए भी उससे जुड़ी अतिरंजना एवं मेलोड्रामा से सर्वथा मुक्त है। ऐसी स्थिति में एक आसान

विकल्प तो यही समझ में आता है कि यथार्थवादी अभिनय शैली पर आग्रह रखा जाए। क्या यही विकल्प नाटक के परिवेश को निर्मित करने के लिए दृश्यबंध के निर्माण में भी रखा जाए? प्रायः देखा गया है कि शौकिया नाट्य मंडलियों ने जब भी प्रसाद के इस नाटक का मंचन किया है, उन्होंने निहायत ही तड़क-भड़क वाले एक ऐसे यथार्थवादी दृश्यबंध की रचना की, जो देखने में फूहड़, बनावटी एवं मात्र चित्रण जान पड़ता ही था, इसके साथ-साथ अभिनय में भी उन्होंने यथार्थवादी शैली के बाहरी स्वरूप का आश्रय लिया। परिणाम यह हुआ कि जहाँ दृश्यबंध अत्यंत अतिरंजित हो गया, वहीं अभिनय भी चीख़–पुकार से भरपूर मेलोड्रामा होकर रह गया। यही कारण है कि नाटक का जो गहरा असर दर्शक पर पड़ना चाहिए था, वह नहीं पड़ा और पूरी प्रस्तुति मात्र एक ऐतिहासिक से लगने वाले परिवेश का सतही चित्रण भी होकर रह गई।

यदि हम प्रसाद द्वारा दिए दृश्यबंध संबंधी निर्देशों का गहराई से अध्ययन करें तो हमें कई सूत्र आप-ही-आप उपलब्ध हो जाते हैं। पहला सूत्र तो यही है कि बेशक नाटककार ने झील-झरनों, दुर्ग, लताओं एवं पेड़-पौधों जैसे तत्त्वों के उल्लेख से एक यथार्थवादी एवं प्रकृतिवादी वातावरण की सृष्टि की है, लेकिन इससे भी ज़्यादा आवश्यक एवं व्यावहारिक मंचसज्जा रस्सियों, डोरियों, स्तंभों, सीढ़ियों जैसे रीतिमूलक तत्त्वों के माध्यम से की है। इससे स्पष्ट हो जाता है कि स्वयं प्रसाद के मन में बाहरी यथार्थ से अधिक एक आंतरिक एवं अमूर्त यथार्थ की परिकल्पना रही होगी, जो पात्रों के अंतर्मन में चल रहे संकल्प-विकल्प की दुविधा के द्वंद्व को उभारने की चेष्टा करे। इसीलिए यह तथ्य आकस्मिक नहीं जान पड़ता कि तीनों ही अंकों का परिवेश बहिरंग कम और अंतरंग ज़्यादा जान पड़ता है, जो नाटक के कथ्य से जुड़े षड्यंत्रों, कूटनीति, छलछद्म के लिए एक रहस्यमय सा वातावरण तैयार करता है। यही कारण है कि मंच-सामग्री एवं उपकरणों के नाम पर भी मात्र दो-तीन आसनों की अवधारणा की गई है। यह सब इसलिए कि मंच पर एक ठोस किंतु अमूर्त बिंब की योजना आकार ले सके, जहाँ दर्शक के सामने सबकुछ उपस्थित होते हुए भी उसकी कल्पना के लिए पर्याप्त अवकाश रहे। इसीलिए जब-जब कल्पनाशील निर्देशकों ने इस नाटक को प्रस्तुत किया, उन्होंने नाटककार द्वारा प्रस्तुत बाहरी यथार्थ का लगभग त्याग करते हुए मंच पर विभिन्न धरातलों, सीढ़ियों एवं स्तंभों के उपयोग से एक संकेतमूलक, औपचारिक एवं शैलीबद्ध दृश्यबंध का निर्माण किया। यह दृश्यबंध का निर्माण किया। यह दृश्यबंध नाटक के आरंभ से लेकर अंत तक

एक ही रहा। बस अलग-अलग दृश्यों की आवश्यकतानुसार कुछ छोटे-छोटे परिवर्तन कर लिए गए, जिन्हें संपन्न करने में कोई समय भी नहीं लगता था कि नाटक के तेज़ी से घटते कथा-प्रवाह में कोई अनावश्यक व्यवधान पड़े।

मैं समझता हूँ कि यही दृष्टि एवं प्रक्रिया नाटक के लिए प्रयोग में लाई जाने वाली अभिनय शैली के लिए भी अपनाई जानी चाहिए। कहना न होगा कि बेशक देखने में यह शैली यथार्थवादी अभिनय का ही आभास दे, लेकिन धीरे-धीरे सूक्ष्म स्तर पर उस आंतरिक एवं सच्चे यथार्थ की ओर बढ़ा जाए जो एक अच्छे यथार्थवादी नाटक की पहचान हुआ करती है। उदाहरण के लिए, इब्सन का काव्यात्मक यथार्थ और चेखव का अमूर्त यथार्थ आज के अभिनेता को वह शैली खोजने में सहायता कर सकता है, जहाँ बाहरी संसार में कम लेकिन पात्र के मानस संसार में ज़्यादा घटित होता है। ऐसा भी नहीं कि इस प्रकार की अभिनय शैली की तलाश में सदैव पश्चिम का ही मुँह देखा जाए। स्वयं हमारी अपनी संस्कृत नाट्य परंपराओं में यह शैली अनिवार्य रूप से उपस्थित है, जहाँ मंच पर कोई ठोस अथवा त्रिआयामी दृश्यबंध न होते हुए भी अभिनेता अपने संवादों एवं मुद्राओं से एक ऐसे दृश्य-संसार की रचना कर डालता है, जो पूरी तरह से यथार्थवादी एवं वास्तविक होता है।

फिर यह अभिनय शैली कहीं बाहर से आरोपित नहीं की जा रही है। स्वयं नाटक के आलेख में ही वे सारे संकेत उपलब्ध हैं, जिनके प्रयोग की ऊपर चर्चा की गई है। उदाहरण के लिए गीतों का प्रयोग—मात्र एक नर्तकियों के गीत को छोड़कर कोई भी गीत ऐसा नहीं है, जिसे स्वयं चरित्र ने गाया हो। ऐसी स्थिति में मंच पर कैसे चित्र का निर्माण होगा, पात्र स्थिर होकर मंच पर खड़ा अथवा बैठा रहे और गीत की पंक्तियाँ नेपथ्य से आती रहें। ऐसा नहीं तो नेपथ्य में गाए जाने वाले गीत की पंक्तियों के साथ मंच पर उपस्थित पात्र की गतिचर्या का विधान हो। उपर्युक्त दोनों स्थितियों में एक अलग किस्म के यथार्थवादी अभिनय की अपेक्षा होगी। यह युक्ति आज की फिल्मों में प्रचलित पार्श्व गायन के अनुसार अभिनय करने से मिलती-जुलती है, लेकिन सच तो यह है कि इस नाटक के लिखे जाने तक फ़िल्मों में पार्श्वगायन की शुरुआत ही नहीं हुई थी। यहाँ तक कि फ़िल्मों में ध्वनि का इस्तेमाल भी एक-आध बरस पहले ही शुरू हुआ था।

यथार्थवादी होते हुए भी अभिनय में नाटककार किस प्रकार शैलीबद्धता और नाट्यधर्मिता का कुशल संयोजन करता है, यह नीचे दिए गए दो मंच-निर्देशों से स्पष्ट हो जाएगा, ''ध्रुवस्वामिनी एक मंच पर बैठकर अधरों पर उँगली रखकर कुछ

सोचने लगती है और चरमधारिणी चमर चलाने लगती है" और "तीन मंचों में दो ख़ाली और एक पर ध्रुवस्वामिनी पादपीठ के ऊपर बाएँ पैर पर दाहिना पैर रखकर अधरों से उँगली लगाए चिंता में निमग्न बैठी है।"

क्या ये निर्देश अभिनय से भी ज़्यादा चित्रकला जैसे माध्यम के निकट नहीं ले आते, जहाँ मानो जीता-जागता अभिनेता एक फ्रेम में जड़े चित्र का-सा आभास देने लगता है।

प्रसाद ने अपने दूसरे नाटकों में कम-से-कम निर्देश दिए हैं, लेकिन आश्चर्य है कि महज़ पचास पृष्ठों के त्रि-अंकीय नाटक में उन्होंने सबसे ज़्यादा मंच-निर्देश दिए हैं। यह सीधे-सीधे पश्चिम के यथार्थवाद का ही प्रभाव है, लेकिन इससे नाटककार की उस सजग चेतना का भी गूढ़ परिचय मिलता है कि मानो नाटक के एक-एक क्षण, एक-एक पात्र, एक-एक स्थिति और एक-एक गति की परिकल्पना उसके मन में बिल्कुल स्पष्ट है। यहाँ तक कि ध्रुवस्वामिनी का आलेख मानों एक नाटककार के आलेख की अपेक्षा एक निर्देशक के आलेख जैसा लगता है, जिसमें उसने प्रस्तुति से पहले ही सबकुछ तय करके नोट कर दिया है। इसके ठीक पचास वर्ष बाद हम मोहन राकेश के पहले नाटक 'आषाढ़ का एक दिन' में भी इसी प्रक्रिया के दर्शन करते हैं। ये मंच-निर्देश यदि अभिनेता के लिए क्रियाओं-प्रतिक्रियाओं की पहले से एकत्रित स्रोत-सामग्री प्रस्तुत करते हैं तो साथ ही अभिनय करते समय उसे कार्य और कारण के संबंध को ढूँढ़ने में भी सहायक सिद्ध होते हैं।

'ध्रुवस्वामिनी' में स्वगतों का प्रयोग पुनः एक ऐसा तत्त्व है जो एक नई यथार्थवादी अभिनय-शैली की माँग करता है। शुद्ध यथार्थवादी नाटकों में प्रायः इस तरह के स्वागत हुआ ही नहीं करते और यदि होते भी हैं तो वे एक लंबे संवाद के रूप में ही आते हैं। संस्कृत नाटकों में भी ऐसे लंबे-लंबे स्वागतों की कोई परंपरा नहीं मिलती। पहली बार ऐसे स्वगत शेक्सपीयर के नाटकों में मिलते हैं और प्रसाद ने उनकी प्रेरणा वहीं से ली होंगी। यों ऐसे स्वगत प्रसाद के दूसरे नाटकों में भी बहुतायत में हैं, लेकिन वे नाटक तो ऊपरी मूल प्रकृति में ही यथार्थवादी नहीं हैं, अतः उनका वहाँ होना कोई विशेष बात नहीं। लेकिन एक यथार्थवादी नाटक में उनके प्रयोग से एक नई शैली का सृजन करना, निश्चय ही प्रसाद की अपनी निजी एवं मौलिक खोज है। यहाँ एक और समानता की ओर भी संकेत करना चाहूँगा कि शेक्सपीयर के मंच पर दो स्तंभ होते थे, जिनके आसपास ही अभिनेता नाटक के स्वागतों का अभिनय करता था। इस नाटक में भी स्वगत की रचना दृश्यबंधों में खंभों को ध्यान में रखकर

की गई है।

यदि हम यह कहें कि जिस समसामयिक भारतीय यथार्थवाद की शुरुआत बंगाल में दीनबंधु मित्र के नाटक 'नील दर्पण' से हुई थी और जिसे भारतेंदु ने अपने नाटक 'अंधेर नगरी' में लोककथा का जामा पहनाकर एक नया रंग और आकार दिया, प्रसाद ने उस यथार्थवाद को नाट्यधर्मिता के मेल से एक ऐतिहासिक परिवेश में अंतिम परिणति तक पहुँचाया तो कोई अत्युक्ति नहीं होगी। संक्षेप में, ध्रुवस्वामिनी हिंदी रंगमंच के एक सौ बीस वर्षों के इतिहास के पूर्वार्द्ध का सर्वाधिक चर्चित, मंचित और प्रतिनिधि रंग-नाटक है, जो बार-बार रंगकर्मियों को नई-नई अभिनय शैली की खोज के लिए प्रेरित करता है।

– देवेन्द्र राज अंकुर

सूचना

विशाखदत्त-द्वारा रचित 'देवीचन्द्रगुप्त' नाटक के कुछ अंश 'शृंगार-प्रकाश' और 'नाट्य-दर्पण' से सन् 1923 की ऐतिहासिक पत्रिकाओं में उद्धृत हुए। तब चन्द्रगुप्त द्वितीय विक्रमादित्य के जीवन के सम्बन्ध में जो नयी बातें प्रकाश में आयीं, उनसे इतिहास के विद्वानों में अच्छी हलचल मच गयी। शास्त्रीय मनोवत्ति वालों को, चन्द्रगुप्त के साथ ध्रुवस्वामिनी का पुनर्लग्न असम्भव, विलक्षण और कुरुचिपूर्ण मालूम हुआ। यहाँ तक कि आठवीं शताब्दी के संजात ताम्रपत्र—

हत्वा भ्रातरंमेव राज्यमहरद्देवीं स दीनस्तथा।
लक्षं कोटिमलेखयन् किल किलौ दाता सगुप्तान्वयः॥

के पाठ में संदेह किया जाने लगा :

किन्तु जिस ऐतिहासिक घटना का वर्णन करते हुए सातवीं शताब्दी में बाणभट्ट ने लिखा है—

अरिपुरे च परकलत्रकामुकं कामिनीवेश-
श्चन्द्रगुप्तां शतपतिमशातयत्।

और ग्यारहवीं शताब्दी में राजशेखर ने भी लिखा है—

दत्वारुद्धगतिं खसाधिपतये देवीं ध्रुवस्वामिनीम्।
यस्मात् खंडित-साहसो निवतृते श्रीरामगुप्तोनपः॥

—वह घटना केवल जनश्रुति कहकर नहीं उड़ायी जा सकती।

विशाखदत्त को तो श्री जायसवाल ने चन्द्रगुप्त की सभा का राजकवि और उसके 'देवी चन्द्रगुप्त' को जीवन चित्रण नाटक भी माना है। यह प्रश्न अवश्य

ही कुछ कुतूहल से भरा हुआ है कि विशाखदत्त ने अपने दोनों नाटकों का नायक चन्द्रगुप्त-नामधारी व्यक्ति को ही क्यों बनाया। परन्तु श्रीतैलंग ने तो विशाखदत्त को सातवीं शताब्दी के अवन्तिवर्मा का आश्रित कवि माना है। क्योंकि 'मुद्राराक्षस' की किसी प्राचीन प्रति में उन्हें मुद्राराक्षस के भरत वाक्य 'पार्थिवश्चन्द्रगुप्त' के स्थान पर 'प्रार्थिवोऽवन्तिवर्मा' भी मिला। विशाखदत्त के आलोचक लोग उसे एक प्रामाणिक ऐतिहासिक नाटककार मानते हैं। उसके लिखे हुए नाटक में इतिहास का अंश कुछ न हो, ऐसा तो नहीं माना जा सकता। राखालसाद बनर्जी, प्रोफेसर अल्वेकर और जायसवाल इत्यादि ने अन्य प्रामाणिक आधार मिलने के कारण ध्रुवस्वामिनी और चन्द्रगुप्त के पुनर्लग्न को ऐतिहासिक तथ्य मान लिया है। यह कहना कि रामगुप्त नाम का कोई राजा गुप्तों की वंशवली में नहीं मिलता और न ही किसी अभिलेख में उसका वर्णन आया है, कोई अर्थ नहीं रखता। समुद्रगुप्त के शासन का उल्लंघन करके, कुछ दिनों तक साम्राज्य में उत्पात मचाकर जो राजनीति के क्षेत्र में अन्तर्ध्यान हो गया हो, उसका अभिलेख वंशावली में न मिले तो कोई आश्चर्य नहीं। हां, भण्डारकरजी तो कहते हैं कि उसके लघु-काल-व्यापी शासन का सूचक सिक्का भी चला था। 'काँच' के नाम से प्रसिद्ध जो गुप्त सिक्के मिलते हैं वे रामगुप्त के ही हैं। राम के स्थान पर भ्रम से काच पढ़ा जा रहा था। इसलिए बाणभट्ट की वर्णित घटना अर्थात् स्त्रीवेश धारण करके चन्द्रगुप्त का पर-कलह-कामुक शकराज को मारना और ध्रुवस्वामिनी का पुनर्विवाह इत्यादि के ऐतिहासिक सत्य होने में सन्देह नहीं रह गया है। और मुझे तो इसका स्वयं चन्द्रगुप्त की ओर से एक प्रमाण मिलता है। चन्द्रगुप्त के कुछ सिक्कों पर 'रूपकृति' शब्द का उल्लेख है। रूप और आकृति को जॉन एलन् ने खींच-तानकर जो शारीरिक और आध्यात्मिक अर्थ किया है, वह व्यर्थ है। रूपकृति विरुद का उल्लेख करके चन्द्रगुप्त अपने उस साहसिक कार्य की स्वीकृति देता है जो ध्रुवस्वामिनी की रक्षा के लिए उसने रूप बदलकर किया है, और जिसका पिछले काल के लेखकों ने भी समय-समय पर समर्थन किया है।

विशाखदत्त के 'देवीचन्द्रगुप्त' नाटक का जितना अंश प्रकाश में आया है, उसे देखकर अबुलहसन अली की बर्कमारिस वाली कथा का मिलान करके कई ऐतिहासिक विद्वानों ने शास्त्रीय दृष्टिकोण रखने वाले आलोचकों को उत्तर देते हुए ध्रुवदेवी के पुनर्लग्न को ऐतिहासिक तथ्य तो मान लिया है, किन्तु भण्डारकरजी ने पराशर और नारद की स्मृतियों से काल की सामाजिक व्यवस्था में पुनर्लग्न होने

का प्रमाण भी दिया है। शास्त्रों में अनुकूल और प्रतिकूल दोनों तरह की बातें मिल सकती हैं, परन्तु जिस प्रथा के लिए विधि और निषेध दोनों तरह की सूचनाएं मिलें, तो इतिहास की दष्टि से वह उस काल में सम्भाव्य मानी जाएंगी। हाँ, समय-समय पर उनमें विरोध और सुधार हुए होंगे और होते रहेंगे। मुझे तो केवल यही देखना है कि इस घटना की सम्भावना इतिहास की दृष्टि से उचित है कि नहीं।

भारतीय दृष्टिकोण को सुरक्षित रखने वाले विशाखदत्त जैसे पण्डित ने जब अपने नाटकों में लिखा है—

रम्यांचारतिकारिणीच करुणाशोकेन नीता दशाम
तत्कालोपगतेन राहुशिरसा गुप्तेव चांद्रीकला।
पत्युः क्लीवजनोचितेन चरितेनानेव पुंसः सतो
लज्जाकोपविषाद भीत्यरतिभिः क्षेत्रीकृता ताम्यते॥

तो उस नाटक के सम्पूर्ण सामने न रहने पर भी, जिससे कि उसके परिणाम का निश्चित पता लगे, उस काल की सामाजिक व्यवस्था को तो अंशतः स्पष्टीकरण हो ही जाता है।

नारद और पराशर के वचन—

अपत्यार्थम् स्त्रियः सृष्टाः स्त्री क्षेत्रं वीजिनो नराः
क्षेत्रं बीजवते देयं नाबीजी क्षेत्रमर्हति।
(नारद)

नष्टे मृते प्रवृजिते क्लीवे च पतौ।
पंचास्वापत्सु नारीणां पतिरन्यो विधीयते॥
(पराशर)

के प्रकाश में जब 'देवीचन्द्रगुप्त' नाटक के ऊपर वाले श्लोक का अर्थ किया जाए तो वह घटना अधिक स्पष्ट हो जाती है। रम्या है किन्तु अरतिकारिणी है, में जो श्लेष है, उसमें शास्त्र-व्यवस्था जनित ध्वनि है। और पति के क्लीवजनोचित चरित का उल्लेख, साथ-ही-साथ क्षेत्री-कृता—जैसा परिभाषित शब्द, नाटककार ने कुछ सोचकर ही लिखा होगा।

भण्डारकार और जायसवाल जी, दोनों ही ने अपने लेखों में विधवा के साथ पुनर्लग्न होने की व्यवस्था मानकर ध्रुवदेवी का पुनर्लग्न स्वीकार किया है। किन्तु

स्मृति की ही उक्त व्यवथा में अन्य पति ग्रहण करने के लिए पांच आपत्तियों का उल्लेख किया है, उनमें केवल मृत्यु होने पर ही तो विधवा का पुनर्लग्न होगा। अन्य चार आपत्तियाँ तो पति के जीवनकाल में ही उपस्थिति होती हैं।

उधर जायसवाल चन्द्रगुप्त द्वारा रामगुप्त का वध भी नहीं मानना चाहते, तब 'देवीचन्द्रगुप्त' नाटक की कथा का उपसंहार कैसे हुआ होगा? वैवाहिक विषयों का उल्लेख स्मृतियों को छोड़कर क्या और कहीं नहीं है? क्योंकि स्मृतियों के सम्बन्ध में तो यह भी कहा जा सकता है कि वे इस युग के लिए नहीं, दूसरे युग के लिए हैं, परन्तु इसी कलियुग के विधान-ग्रंथ आचार्य कौटिल्य के 'अर्थशास्त्र' में मुझे इन स्मृतियों की पुष्टि मिली।

किस अवस्था में एक पति दूसरी स्त्री ग्रहण करता है, इसका अनुसंधान करते हुए, धर्मस्थीय प्रकरण के विवाह-संयुक्त में आचार्य कौटिल्य लिखते हैं—

वर्षाण्यष्टा वप्रजायमानामपृत्राम् वंध्यां चाकांक्षेत् दशविन्दु,
द्वादश कन्या प्रसविनीम, ततः पुत्रार्थी द्वितीयां विंदेत्।

8 वर्ष तक बन्ध्या, 10 वर्ष तक विन्दु अर्थात् नश्यत्प्रसूति, 12 वर्ष तक कन्या प्रसविनी की प्रतीक्षा करके पुत्रार्थी दूसरी स्त्री ग्रहण कर सकता है। पुरुषों का अधिकार बताकर स्त्रियों के अधिकार की घोषणा भी उसी अध्याय के अन्त में है—

नीचत्वम् परदेशम् वा प्रस्थितो राजकिल्विषी।
प्राणभिहंता पतितस्त्याज्यः क्लीवोपवापतिः॥

इसका मेल पराशर या नारद के वाक्यों में मिलता है। इन्हीं अवस्थाओं में पति को छोड़ने का अधिकार स्त्रियों को था। क्योंकि 'अर्थशास्त्र' में आगे भी मोक्ष (Divorce) आ प्रसंग आता है, उसमें न्यायालय सम्भवतः 'अमोक्षा-भर्तुरकाम्य द्विषती भार्या भार्यायाश्च भर्ता, परस्परं द्वेषानमोक्षः, के आधार पर आदेश देता था। किन्तु साधारण द्वेष से भी जहाँ अन्य चार विवाहों में मोक्ष हो सकते थे, वहाँ धर्म-विवाह में केवल इन्हीं अवस्थाओं में पति त्याज्य समझा जाता था नहीं तो 'अमोक्षोहि धर्म विवाहानाम्' के अनुसार धर्म-विवाहों में मोक्ष नहीं होता था। दमयन्ती के पुनर्लग्न की घोषणा भी पति के नष्ट या परदेश प्रस्थित होने पर ही की गयी थी।

जायसवालजी, अबुलहसन अली की यह बात नहीं मानते कि चन्द्रगुप्त ने

रामगुप्त की हत्या की होगी। उनका कहना है कि चन्द्रगुप्त तो भरत की तरह बड़े भाई के लिए गद्दी छोड़ चुका था। उनका अनुमान है कि "Very likely, it came about in the form of popularising."

अब नाटकार के 'अरतिकारिणी' और 'क्लीव' आदि शब्द घटना की परिणति की क्या सूचना देते हैं, यह विचारणीय है। बहुत सम्भव है कि अबुलहसन की कथा का आधार 'देवीचन्द्रगुप्त' नाटक ही हो। क्योंकि अबुलहसन के लिखने के पहले उक्त नाटक का होना माना जा सकता है।

यह ठीक है कि हमारे आचार और धर्मशास्त्र की व्यावहारिकता की परम्परा विछिन्न-सी है–आगे जितना सुधार या समाज-शास्त्र के परीक्षात्मक प्रयोग देखे या सुने जाते हैं, उन्हें अचिन्तित और नवीन समझकर हम बहुत शीघ्र अभारतीय कह देते हैं, किन्तु मेरा ऐसा विश्वास है कि प्राचीन आर्यावर्त्त ने समाज की दीर्घ काल-व्यापिनी परम्परा में प्रायः प्रत्येक विधा का परीक्षात्मक प्रयोग किया है। तात्कालिक कल्याणकारी परिवर्तन भी हुए हैं। इसीलिए डेढ़ हजार वर्ष पहले यह होना अस्वाभाविक नहीं था। क्या होना चाहिए और कैसा होगा, यह तो व्यव- स्थापक विचार करें; किन्तु इतिहास के आधार पर जो कुछ हो चुका या जिस घटना के घटित होने की सम्भावना है, उसी को लेकर इस नाटक की कथावस्तु का विकास किया गया है।

भण्डारकरजी का मत है कि यह युद्ध गोमती की घाटी में अल्मोड़ा जिले के कार्तिकेयपुर के समीप हुआ। जायसवालजी का मत है कि यह युद्ध 374 ई. से लेकर 380 ई. के बीच में कांगड़ा जिले के अबिबाल स्थान में हुआ था, जहाँ कि प्रथम सिक्ख युद्ध भी हुआ था।

प्रयाग की प्रशस्ति में समुद्रगुप्त की साम्राज्य-नीति में विजित राजाओं के आत्म-निवेदन 'कन्योपायन दान' ग्रहण करने का उल्लेख है। मैंने ध्रुवस्वामिनी के गुप्तकाल में आने का वही कारण माना है।

विशाखदत्त ने ध्रुवदेवी नाम लिखा है, किन्तु मुझे ध्रुवस्वामिनी नाम, जो राजशेखर के 'मुक्तक' में आया है, स्त्रीजनोचित सुन्दर, आदर सूचक और सार्थक प्रतीत हुआ। इसीलिए मैंने उसी का व्यवहार किया है।

–जयशंकर 'प्रसाद'

चैत्र शुक्ल
1990

प्रथम अंक

(शिविर का पिछला भाग जिसके पीछे पर्वतमाला की प्राचीर है, शिविर का एक कोना दिखलाई दे रहा है जिससे सटा हुआ चन्द्रातप टँगा है। मोटी-मोटी रेशमी डोरियों से सुनहले काम के परदे खम्भों से बँधे हैं। दो-तीन सुन्दर मंच रखे हुए हैं। चन्द्रातप और पहाड़ी के बीच छोटा-सा कुंज, पहाड़ी पर से एक पतली जलधारा उस हरियाली में बहती है। झरने के पास शिलाओं से चिपकी हुई लता की डालियाँ पवन में हिल रही हैं। दो चार छोटे-बड़े वक्ष, जिन पर फूलों से लदी हुई सेवती की लता छोटा-सा झुरमुट बना रही है। शिविर के कोने से ध्रुवस्वामिनी का प्रवेश। पीछे-पीछे एक लम्बी और कुरूप स्त्री चुपचाप नंगी तलवार लिए आती है)

ध्रुवस्वामिनी : **(सामने पर्वत की ओर देखकर)** सीधा तना हुआ, अपने प्रभुत्व की साकार कठोरता, अभ्रभेदी उन्मुक्त शिखर! और इन क्षुद्र कोमल निरीह लताओं और पौधों को इसके चरण में लोटना ही चाहिए न। **(साथ वाली खड्गधारिणी की ओर देखकर)** क्यों, मन्दाकिनी नहीं आई? **(वह उत्तर नहीं देती है)** बोलती क्यों नहीं? यह तो मैं जानती हूँ कि इस राजकुल के अन्तःपुर में मेरे लिए न जाने कब से नीरव अपमान संचित रहा, जो मुझे आते ही मिला; किन्तु क्या तुम-जैसी दासियों से भी वही मिलेगा? इसी शैलमाला की तरह मौन रहने का अभिनय तुम न करो, बोलो! **(वह दांत निकालकर विनय प्रकट करती हुई कुछ और आगे बढ़ने का संकेत करती है)** अरे, यह क्या, मेरे भाग्य विधाता! यह कैसा

इन्द्रजाल? उस दिन राजमहापुरोहित ने कुछ आहुतियों के बाद मुझे आशीर्वाद दिया था, क्या अभिशाप था? इस राजकीय अन्तःपुर में सब जैसे एक रहस्य छिपाये हुए चलते हैं, बोलते हैं और मौन हो जाते हैं। **(खड्गधारिणी विवशता और भय का अभिनय करती हुई आगे बढ़ने का संकेत करती है)** तो क्या तुम मूँक हो? तुम कुछ बोल न सको, मेरी बातों का उत्तर भी न दो, इसीलिए तुम मेरी सेवा में नियुक्त की गई हो? यह असह्य है। इस राजकुल में एक भी सम्पूर्ण मनुष्यता का निदर्शन नहीं मिलेगा क्या? जिधर देखो कुबड़े, बौने, हिजड़े, गूँगे और बहरे....। **(चिढ़ती हुई ध्रुवस्वामिनी आगे बढ़कर झरने के किनारे बैठ जाती है, खड्गधारिणी भी इधर-उधर देखकर ध्रुवस्वामिनी के पैरों के समीप बैठती है।)**

खड्गधारिणी : **(सशंक चारों ओर देखती हुई)** देवि, प्रत्येक स्थान और समय बोलने के योग्य नहीं होते। कभी-कभी मौन रह जाना बुरी बात नहीं है। मुझे अपनी दासी समझिए। अवरोध के भीतर मैं गूँगी हूँ। यहाँ संदिग्ध न रहने के लिए मुझे ऐसा ही करना पड़ता है।

ध्रुवस्वामिनी : अरे, तो क्या तुम बोलती भी हो? पर यह तो कहो, यह कपट आचरण किसलिए?

खड्गधारिणी : एक पीड़ित की प्रार्थना सुनाने के लिए। कुमार चन्द्रगुप्त को आप भूल न गई होंगी !

ध्रुवस्वामिनी : **(उत्कण्ठा से)** वही न, जो मुझे बंदिनी बनाने के लिए गए थे।

खड्गधारिणी : **(दांतों से जीभ दबाकर)** यह आप क्या कह रही हैं? उनको तो स्वयं अपने भीषण भविष्य का पता नहीं। प्रत्येक क्षण उनके प्राणों पर सन्देह करता है। उन्होंने पूछा है कि मेरा क्या अपराध है?

ध्रुवस्वामिनी : **(उदासी की मुस्कराहट के साथ)** अपराध? मैं क्या बताऊँ? तो क्या कुमार भी बन्दी हैं?

खड्गधारिणी : कुछ-कुछ वैसा ही है देवि, राजाधिराज से कहकर क्या आप उनका कुछ उपकार कर सकेंगी?

ध्रुवस्वामिनी : भला मैं क्या कर सकूँगी? मैं तो अपने ही प्राणों का मूल्य नहीं समझ पाती। मुझ पर राजा का कितना अनुग्रह है, यह भी मैं

आज तक न जान सकी। मैंने तो कभी उनका सम्भाषण सुना ही नहीं। विलासिनियों के साथ मदिरा में उन्मत्त, उन्हें अपने आनन्द से अवकाश कहाँ!

खड्गधारिणी : तब तो अदृष्ट ही कुमार के जीवन का सहायक होगा। उन्होंने पिता का दिया हुआ स्वत्व और राज्य का अधिकार तो छोड़ ही दिया; इसके साथ अपनी एक अमूल्य निधि भी.....। **(कहते-कहते सहसा रुक जाती है।)**

ध्रुवस्वामिनी : अपनी अमूल्य निधि! वह क्या?

खड्गधारिणी : यह अत्यन्त गुप्त है देवि, किन्तु मैं प्राणों की भीख माँगते हुए कह सकूँगी।

ध्रुवस्वामिनी : **(कुछ सोचकर)** तो जाने दो, छिपी हुई बातों से मैं घबरा उठी हूँ। हाँ, मैंने उन्हें देखा था, वह निरभ्र प्राची का बाल अरुण! आह! राज-चक्र सबको पीसता है/पिसने दो, हम निःसहायों को और दुर्बलों को पिसने दो!

खड्गधारिणी : देवि, वह वल्लरी जो झरने के समीप पहाड़ी पर चढ़ गई है, उसकी नन्हीं-नन्हीं पत्तियों को ध्यान से देखने पर आप समझ जायेंगी कि वह किस जाति की है। प्राणों की क्षमता बढ़ा लेने पर वही काई जो बिछलन बंनकर गिरा सकती थी, अब दूसरों के ऊपर चढ़ने का अवलम्बन बन गई है।

ध्रुवस्वामिनी : **(आकाश की ओर देखकर)** वह बहुत दूर की बात है। आह, कितनी कठोरता है! मनुष्य के हृदय में देवता को हटाकर राक्षस कहाँ से घुस आता है? कुमार की स्निग्ध, सरल और सुन्दर मूर्ति को देखकर कोई भी प्रेम से पुलकित हो सकता है, किन्तु उन्हीं का भाई? आश्चर्य!

खड्गधारिणी : कुमार को इतने में ही सन्तोष होगा कि उन्हें कोई विश्वास पूर्वक स्मरण कर लेता है। रही अभ्युदय की बात, सो तो उनको अपने बाहुबल और भाग्य पर ही विश्वास है।

ध्रुवस्वामिनी : किन्तु उन्हें कोई ऐसा साहस का काम न करना चाहिए जिसमें उनकी परिस्थिति और भी भयानक हो जाए।

(खड्गधारिणी खड़ी होती है)

अच्छा, तो अब तू जा और अपने मौन संकेत से किसी दासी को यहाँ भेज दे मैं अभी यहाँ बैठना चाहती हूँ।

(खड्गधारिणी नमस्कार करके जाती है।...और एक दासी का प्रवेश)

दासी : **(हाथ जोड़कर)** देवी, सांयकाल हो चुका है। वनस्पतियाँ शिथिल होने लगी हैं। देखिए न, व्योम-विहारी पक्षियों का झुण्ड भी अपने नीड़ों में प्रसन्न कोलाहल से लौट रहा है। क्या भीतर चलने की अभी इच्छा नहीं है?

ध्रुवस्वामिनी : चलूँगी क्यों नहीं? किन्तु मेरा नीड़ कहाँ? यह तो स्वर्णपिंजर है।

(करुण भाव से उठकर दासी के कंधे पर हाथ रखकर चलने को उद्यत होती है। नेपथ्य में कोलाहल—महादेवी कहाँ हैं? उन्हें कौन बुलाने गई है?)

ध्रुवस्वामिनी : हैं-हैं, यह उतावली कैसी?

प्रतिहारी : **(प्रवेश करके...घबराहट से)** भट्टारक इधर आये हैं क्या?

ध्रुवस्वामिनी : **(व्यंग्य से मुस्कराते हुए)** मेरे अंचल में तो छिपे नहीं हैं। देखो, किसी कुंज में ढूँढ़ो।

प्रतिहारी : **(संभ्रम से)** अरे महादेवी! क्षमा कीजिए। युद्ध-सम्बन्धी एक आवश्यक संवाद देने के लिए महाराज को खोजती हुई मैं इधर आ गई हूँ।

ध्रुवस्वामिनी : होंगे कहीं, यहाँ तो नहीं है।

(उदास भाव से दासी के साथ ध्रुवस्वामिनी का प्रस्थान। दूसरी ओर से खड्गधारिणी का पुनः प्रवेश...और कुञ्ज में से अपना उत्तरीय संभालता रामगुप्त निकलकर एक बार प्रतिहारी की ओर, फिर खड्गधारिणी की ओर देखता है)

प्रतिहारी : जय हो देव! एक चिन्ताजनक समाचार निवेदन करने के लिए अमात्य ने मुझे भेजा है।

रामगुप्त : **(झुँझलाकर)** चिन्ता करते-करते देखता हूँ कि मुझे मर जाना पड़ेगा। ठहरो, **(खड्गधारिणी से)** हाँ जी, तुमने अपना काम तो अच्छा किया, किन्तु मैं समझ न सका कि चन्द्रगुप्त को वह अब भी प्यार करती है या नहीं?

(खड्गधारिणी प्रतिहारी की ओर देखकर चुप रह जाती है)

रामगुप्त : **(प्रतिहारी की ओर क्रोध से देखता हुआ)** तुमसे मैंने कह दिया न कि अभी मुझे अवकाश नहीं, ठहर कर आना।

प्रतिहारी : राजाधिराज! शकों ने किसी पहाड़ी राह से उतरकर नीचे का गिरि-पथ रोक लिया है। हम लोगों के शिविर का सम्बन्ध राजपथ से छूट गया है। शकों ने दोनों ही ओर से घेर लिया है।

रामगुप्त : दोनों ओर से घिरा रहने में शिविर और भी सुरक्षित है। मूर्ख! चुप रह...**(खड्गधारिणी से)** तो ध्रुवदेवी, क्या मन-ही-मन चन्द्रगुप्त को...है न मेरा सन्देह ठीक?

प्रतिहारी : **(हाथ जोड़कर)** अपराध क्षमा हो देव! अमात्य युद्ध परिषद् में आपकी प्रतीक्षा कर रहे हैं।

रामगुप्त : **(हृदय पर हाथ रखकर)** युद्ध तो यहाँ भी चल रहा है, देखती नहीं, जगत की अनुपम सुन्दरी मुझसे स्नेह नहीं करती और मैं हूँ इस देश का राजाधिराज!

प्रतिहारी : महाराज, शकराज का संदेश लेकर एक दूत भी आया है।

रामगुप्त : आह! किन्तु ध्रुवदेवी! उसके मन में टीस है **(कुछ सोचकर)** जो स्त्री दूसरे के शासन में रहकर और प्रेम किसी अन्य पुरुष से करती है, उसमें एक गम्भीर और व्यापक रस उद्वेलित रहता होगा। वही तो.....नहीं, जो चन्द्रगुप्त से प्रेम करेगी वह स्त्री न जाने कब चोट कर बैठे? भीतर-भीतर न जाने कितने कुचक्र घूमने लगेंगे। **(खड्गधारिणी से)** सुना न, ध्रुवदेवी से कह देना चाहिए कि वह मुझे और मुझसे ही प्यार करे। केवल महादेवी बन जाना ठीक नहीं।

(खड्गधारिणी का प्रतिहारी के साथ प्रस्थान और शिखरस्वामी का प्रवेश)

शिखरस्वामी : कुछ आवश्यक बातें कहनी हैं देव।

रामगुप्त : **(चिन्ता से उँगली हिलाते हुए, जैसे अपने आप बातें कर रहा हो)** ध्रुवदेवी को लेकर क्या साम्राज्य से भी हाथ धोना पड़ेगा! नहीं, तो फिर? **(कुछ सोचने लगता है)** ठीक, तो सहसा मेरे राजदण्ड ग्रहण कर लेने से पुरोहित, अमात्य और सेनापति लोग छिपा हुआ

विद्रोह भाव रखते हैं। **(शिखर से)** है न! केवल एक तुम्हीं मेरे विश्वासपात्र हो। समझा न! यही गिरि-पथ सब झगड़ों का अन्तिम निर्णय करेगा। क्यों अमात्य, जिसकी भुजाओं में बल न हो, उसके मस्तिष्क में तो कुछ होना चाहिए?

शिखरस्वामी : **(एक पत्र लेकर)** पहले इसे पढ़ लीजिए! **(रामगुप्त पत्र पढ़ते-पढ़ते आश्चर्य से चौंक उठता है)**। चौंकिए मत, यह घटना इतनी आकस्मिक है कि कुछ सोचने का अवसर नहीं मिलता।

रामगुप्त : **(ठहरकर)** है तो ऐसा ही; किन्तु एक बार ही मेरे प्रतिकूल भी नहीं। मुझे इसकी सम्भावना पहले से भी थी।

शिखरस्वामी : **(आश्चर्य से)** ऐं? तब तो महाराज ने अवश्य ही कुछ सोच लिया होगा। मेघ-संकुल आकाश की तरह जिसका भविष्य घिरा हो, उसकी बुद्धि को तो बिजली के समान चमकना ही चाहिए।

रामगुप्त : **(संशक)** कह दूँ! सोचा तो है मैंने, परन्तु क्या तुम उसका समर्थन करोगे?

शिखरस्वामी : यदि नीति-युक्त हुआ तो अवश्य समर्थन करूँगा। सबके विरुद्ध रहने पर भी स्वर्गीय आर्य समुद्रगुप्त की आज्ञा के प्रतिकूल मैंने ही आपका समर्थन किया था। नीति-सिद्धान्त के आधार पर ज्येष्ठ राजपुत्र को....।

रामगुप्त : **(बात काटकर)** वह तो...मैं जानता हूँ; किन्तु इस समय जो प्रश्न सामने आ गया है उस पर विचार करना चाहिए। यह तुम जानते हो कि मेरी इस विजय-यात्रा का कोई गुप्त उद्देश्य है। उसकी सफलता भी सामने दिखाई पड़ रही है। हाँ, थोड़ा-सा साहस चाहिए।

शिखरस्वामी : वह क्या?

रामगुप्त : शक-दूत सन्धि के लिए जो प्रमाण चाहता हो, उसे अस्वीकार न करना चाहिए। ऐसा करने में इस संकट के बहाने जितनी विरोधी प्रकृति हैं, उस सबको हम लोग सहज ही हटा सकेंगे।

शिखरस्वामी : भविष्य के लिए यह चाहे अच्छा हो, किन्तु इस समय तो हमको बहुत से विघ्नों का सामना करना पड़ेगा।

रामगुप्त : **(हँसकर)** तुम...तुम्हारी बुद्धि कब काम में आवेगी? और हाँ,

चन्द्रगुप्त के मनोभाव का कुछ पता लगा?

शिखरस्वामी : कोई नई बात तो नहीं।

रामगुप्त : मैं देखता हूँ कि मुझे पहले अपने अन्तःपुर के ही विद्रोह का दमन करना होगा। **(निःश्वास लेकर)** ध्रुवदेवी के हृदय में चन्द्रगुप्त की आकांक्षा धीरे-धीरे जाग रही है।

शिखरस्वामी : यह असम्भव नहीं, किन्तु महाराज! इस समय आपको दूत से साक्षात् करके उपस्थिति राजनीति पर ध्यान देना चाहिए। यह एक विचित्र बात है कि प्रबल पक्ष सन्धि के लिए सन्देश भेजे।

रामगुप्त : विचित्र हो चाहे सचित्र अमात्य, तुम्हारी राजनीतिज्ञता इसी में है, भीतर और बाहर के सब शत्रु एक ही चाल में परास्त हों। तो चलो! **(दोनों का प्रस्थान। मन्दाकिनी का सशंक भाव से प्रवेश)**

मन्दाकिनी : **(चारों ओर देखकर)** भयानक समस्या है। मूर्खों ने स्वार्थ के लिए साम्राज्य के गौरव का सर्वनाश करने का निश्चय कर लिया है। सच है, वीरता जब भागती है, तब उसके पैरों से राजनीतिक छलछन्द की धूल उड़ती है। **(कुछ सोचकर)** कुमार चन्द्रगुप्त को यह सब समाचार शीघ्र ही मिलना चाहिए। गूँगी के अभिनय में महादेवी के हृदय का आवरण तनिक-सा हटा है, किन्तु वह थोड़ा-सा स्निग्ध भाव भी कुमार के लिए कम महत्त्व नहीं रखता। कुमार चन्द्रगुप्त! कितना समर्पण का भाव है उसमें? और उसका बड़ा भाई रामगुप्त! कपटाचारी रामगुप्त। जी करता है, इस कुलषित वातावरण से कहीं दूर, विस्मृत में अपने को छिपा लूँ। पर मन्दा! तुझे विधाता ने क्यों बनाया? **(सोचने लगती है)** नहीं, मुझे हृदय कठोर करके अपना कर्त्तव्य करने के लिए यहाँ रुकना होगा। न्याय का दुर्बल पक्ष ग्रहण करना होगा।

(गाती है)

यह कसक अरे आँसू सह जा।
बनकर विनम्र अभिमान मुझे
मेरा अस्तित्व बता, रह जा।
बन प्रेम छलक कोने-कोने
अपनी नीरव गाथा कह जा

करुणा बन दुखिया वसुधा पर
शीतलता फैलाता बह जा।

(जाती है। ध्रुवस्वामिनी का उदास भाव से धीरे-धीरे प्रवेश। पीछे एक परिचारिका पान का डिब्बा और दूसरी चमर लिए आती है। ध्रुवस्वामिनी एक मेज पर बैठकर अक्षरों पर उँगली रखकर कुछ सोचने लगती है और चमरशधरिणी चमर चलाने लगती है।)

ध्रुवस्वामिनी : **(दूसरी परिचारिका से)** हाँ, क्या कहा? शिखरस्वामी कुछ कहना चाहते हैं? कह दो, कल सुनूंगी आज नहीं।

परिचारिका : जैसी आज्ञा। तो मैं कह आऊँ कि अमात्य से कल महादेवी बातें करेंगी?

ध्रुवस्वामिनी : **(कुछ सोचकर)** ठहरो तो, वह गुप्त साम्राज्य का अमात्य है, उससे आज ही भेंट करना होगा। हाँ, यह तो बताओ, तुम्हारे राजकुल में नियम क्या है? पहले अमात्य की मंत्रणा सुननी पड़ती है, तब राजा से भेंट होती है?

परिचारिका : **(दाँतों से जीभ दबाकर)** ऐसा नियम तो मैंने नहीं सुना। यह युद्ध-शिविर है न? परम भट्टारक को अवसर न मिला होगा। महादेवी! आपको सन्देह न करना चाहिए।

ध्रुवस्वामिनी : मैं महादेवी ही हूँ न? यदि यह सत्य है तो क्या तुम मेरी आज्ञा से कुमार चन्द्रगुप्त को यहाँ बुला सकती हो? मैं चाहती हूँ कि अमात्य के साथ ही कुमार से भी कुछ बातें कर लूँ।

परिचारिका : क्षमा कीजिए, इसके लिए तो पहले अमात्य से पूछना होगा। **(ध्रुवस्वामिनी क्रोध से उसकी ओर देखने लगती है और वह पान का डिब्बा रखकर चली जाती है। एक बौने का कुबड़े और हिजड़े के साथ प्रवेश)**

कुबड़ा : युद्ध! भयानक युद्ध!!

बौना : हो रहा है, कि कहीं होगा मित्र!

हिजड़ा : बहनों, यहीं युद्ध करके दिखाओ न! महादेवी भी देख लें।

बौना : **(कुबड़े से)** सुनता है रे! तू अपना हिमाचल इधर कर दे—मैं दिग्विजय करने के लिए कुबेर पर चढ़ाई करूँगा।

(उसकी कूबड़ को दबाता है और कुबड़ा अपने घुटनों और हाथों के बल बैठ जाता है। हिजड़ा कुबड़े की पीठ पर बैठता है। बौना एक मोर्छल लेकर तलवार की तरह उसे घुमाने लगता है।)

हिजड़ा : अरे! यह तो मैं हूँ नल-कूबर की वध! दिग्विजयी वीर, क्या तुम स्त्री से युद्ध करोगे? लौट जाओ, कल आना। मेरे श्वसुर और आर्यपुत्र दोनों ही उर्वशी और रम्भा के अभिसार से अभी नहीं आए। कुछ आज ही तो युद्ध करने का शुभ मुहूर्त नहीं है।

बौना : **(मोर्छल से पटा घुमाता हुआ)** नहीं, आज ही युद्ध होगा। तुम स्त्री नहीं हो, तुम्हारी उँगलियाँ तो मेरी तलवार से अधिक चल रही हैं। कूबड़ तुम्हारे नीचे है तब मैं कैसे मान लूँ कि तुम न तो नल-कूबड़ हो और न कुबेर! तुम्हारे वस्त्रों से मैं धोखा न खाऊँगा। तुम पुरुष हो, युद्ध करो।

हिजड़ा : **(उसी तरह मटकते हुए)** अरे, मैं स्त्री हूँ। बहनों, कोई मुझसे ब्याह भले कर सकता है, लड़ाई मैं क्या जानूँ?

(दासी के साथ शिखरस्वामी का प्रवेश)

शिखर-स्वामी : महादेवी की जय हो!

(दूसरी ओर से युवती दासी के कन्धे का सहारा लिए कुछ-कुछ मदिरा के नशे में रामगुप्त का प्रवेश। मुस्कराता हुआ बौने का खेल देखने लगता है। ध्रुवस्वामिनी उठकर खड़ी हो जाती है और शिखरस्वामी रामगुप्त को संकेत करता है।)

रामगुप्त : **(कुछ भर्राए हुए कण्ठ से)** महादेवी की जय हो।

ध्रुवस्वामिनी : स्वागत महाराज!

(रामगुप्त एक मंच पर बैठ जाता है और शिखरस्वामी ध्रुवस्वामिनी के इस उदासीन शिष्टाचार से चकित होकर सिर खुजलाने लगता है)

कुबड़ा : दोहाई राजाधिराज की न! हिमाचल का कूबड़ दुखने लगा। न तो यह नल-कूबड़ की बहू मेरे कूबड़ से उठती है और न तो यह बौना मुझे विजय ही कर लेता है।

रामगुप्त : **(हँसते हुए)** वाह रे वामन वीर! यहाँ दिग्विजय का नाटक खेला

जा रहा था क्या?

बौना : **(अकड़कर)** वामन के बलि-विजय की गाथा और तीन पगों की महिमा सब लोग जानते हैं। मैं तीन लात में इसका कूबड़ सीधा कर सकता हूँ।

कुबड़ा : लगा दे भाई बौने। फिर यह अचल हेमकूट बनना तो छूट जाय!

हिजड़ा : देखो जी, मैं नल-कूबर की वधू इस पर बैठी हूँ।

बौना : झूठ! युद्ध के डर से पुरुष होकर भी यह स्त्री बन गया है।

हिजड़ा : मैं तो पहले ही कह चुकी कि मैं युद्ध करना नहीं जानती।

बौना : तुम नल-कूबर की स्त्री हो न, तो अपनी विजय का उपहार समझकर मैं तुम्हारा हरण कर लूँगा। **(और लोगों की ओर देखकर उसका हाथ पकड़ कर खींचता हुआ)** ठीक होगा न? कदाचित् यह धर्म के विरुद्ध न होगा!

(रामगुप्त ठठाकर हँसने लगता है)

ध्रुवस्वामिनी : **(क्रोध से अकड़कर)** निकालो! अभी निकालो, यहाँ ऐसी निर्लज्जता का नाटक मैं नहीं देखना चाहती। **(शिखरस्वामी की ओर भी सक्रोध देखती है, शिखर के संकेत करने पर वे भाग जाते हैं।)**

रामगुप्त : अरे, ओ दिग्विजयी! सुन तो **(उठकर ताली पीटता हुआ हँसने लगता है। ध्रुवस्वामिनी क्षोभ और घृणा से मुँह फिरा लेती है। शिखरस्वामी के संकेत से दासी मदिरा का पात्र ले आती है, उसे देखकर प्रसन्नता से आँखें फाड़कर शिखर की ओर अपना हाथ बढ़ा देता है)** अमात्य, आज ही महादेवी के पास मैं आया और आप भी पहुँच गये, यह एक विलक्षण घटना है। है न? **(पात्र लेकर पीता है)**

शिखरस्वामी : देव, मैं इस समय एक आवश्यक कार्य से आया हूँ।

रामगुप्त : ओह! मैं तो भूल ही गया था! वह बर्बर शकराज क्या चाहता है? मैं आक्रमण न करूँ, इतना ही तो? जाने दो, युद्ध कोई अच्छी बात तो नहीं!

शिखरस्वामी : वह और भी कुछ चाहता है।

रामगुप्त : क्या कुछ सहायता भी माँग रहा है?

शिखरस्वामी : **(सिर झुकाकर गम्भीरता से)** नहीं देव, वह बहुत ही असंगत और

अशिष्ट याचना कर रहा है।

रामगुप्त : क्या? कुछ कहो भी।

शिखरस्वामी : क्षमा हो महाराज! दूत तो अवध्य होता ही है; इसलिए उसका सन्देश सुनना ही पड़ा। वह कहता था कि शकराज से महादेवी ध्रुवस्वामिनी का....(**रुककर ध्रुवस्वामिनी की ओर देखने लगता है। ध्रुवस्वामिनी सिर हिलाकर कहने की आज्ञा देती है।**) विवाह-सम्बन्ध स्थिर हो चुका था। बीच में ही आर्य समुद्रगुप्त की विजय-यात्रा में महादेवी के पिताजी ने उपहार में उन्हें गुप्तकुल में भेज दिया, इसलिए महादेवी को वह....।

रामगुप्त : ऐं, क्या कहते हो अमात्य? क्या वह महादेवी को माँगता है?

शिखर-स्वामी : हाँ देव! साथ ही वह अपने सामन्तों के लिए भी मगध के सामन्तों की स्त्रियों को माँगता है।

रामगुप्त : (**श्वास लेकर**) ठीक ही है, जब उसके पास सामन्त हैं, तब उन लोगों के लिए भी स्त्रियाँ चाहिए। हाँ, क्या यह सच है कि महादेवी के पिता ने पहले शकराज से इनका सम्बन्ध स्थिर कर लिया था?

शिखर-स्वामी : यह तो मुझे नहीं मालूम। (**ध्रुवस्वामिनी रोष से फूलती हुई टहलने लगती है।**)

रामगुप्त : महादेवी, अमात्य क्या पूछ रहे हैं?

ध्रुवस्वामिनी : इस प्रथम सम्भाषण के लिए मैं कृतज्ञ हुई महाराज! किन्तु मैं भी यह जानना चाहती हूँ कि गुप्त साम्राज्य क्या स्त्री-सम्प्रदान से ही बढ़ा है?

रामगुप्त : (**झेंपकर हँसता हुआ**) हें-हें-हें, बताइए अमात्य जी!

शिखरस्वामी : मैं क्या कहूँ? शत्रु-पक्ष का यही सन्धि-सन्देश है। यदि स्वीकार न हो तो युद्ध कीजिए। शिविर दोनों ओर से घिर गया है। उसकी बातें मानिए, या मरकर भी अपनी कुलमर्यादा की रक्षा कीजिए। दूसरा कोई उपाय नहीं।

रामगुप्त : (**चौंककर**) क्या प्राण देने के अतिरिक्त दूसरा कोई उपाय नहीं? ऊँ-हूँ तब तो महादेवी से पूछिए।

ध्रुवस्वामिनी : (**तीव्र स्वर से**) और आप लोग कुबड़ों, बौनों और नपुंसकों का

नृत्य देखेंगे। मैं जानना चाहती हूँ कि किसने सुख-दुःख में मेरा साथ न छोड़ने की प्रतिज्ञा अग्निवेदी के सामने की है?

रामगुप्त : **(चारों ओर देखकर)** किसने की है, कोई बोलता क्यों नहीं?

ध्रुवस्वामिनी : तो क्या मैं राजाधिराज रामगुप्त की महादेवी नहीं हूँ?

रामगुप्त : क्यों नहीं? परन्तु रामगुप्त ने ऐसी कोई प्रतिज्ञा न की होगी। मैं तो उस दिन द्राक्षासव-सर में डुबकी लगा रहा था। पुरोहितों ने न जाने क्या-क्या पढ़ा दिया होगा। उन सब बातों का बोझ मेरे सिर पर! **(सिर हिलाकर)** कदापि नहीं।

ध्रुवस्वामिनी : **(निस्सहाय होकर दीनता से शिखरस्वामी के प्रति)** यह तो हुई राजा की व्यवस्था, अब सुनूँ, मन्त्री महोदय क्या कहते हैं!

शिखरस्वामी : मैं कहूँगा देवि, अवसर देखकर राज्य की रक्षा करने वाली उचित सम्मति देना ही तो मेरा कर्तव्य है। राजनीति के सिद्धान्त में राष्ट्र की रक्षा सब उपायों से करने का आदेश है। उसके लिए राजा, रानी, कुमार और अमात्य सबका विसर्जन किया जा सकता है; किन्तु राज विसर्जन अन्तिम उपाय है।

रामगुप्त : **(प्रसन्नता से)** वाह! क्या कहा तुमने! तभी तो लोग तुम्हें नीतिशास्त्र का बृहस्पति समझते हैं।

ध्रुवस्वामिनी : अमात्य, तुम बृहस्पति हो चाहे शुक्र, किन्तु, धूर्त होने से ही क्या मनुष्य भूल नहीं सकता? आर्य समुद्रगुप्त के पुत्र को पहचानने में तुमने भूल तो नहीं की। सिंहासन पर भ्रम से किसी दूसरे को तो नहीं बैठा दिया?

रामगुप्त : **(आश्चर्य से)** क्या? क्या?? क्या???

ध्रुवस्वामिनी : कुछ नहीं, मैं केवल यही कहना चाहती हूँ कि पुरुषों ने स्त्रियों को अपनी पशु-सम्पत्ति समझकर उन पर अत्याचार करने का अभ्यास बना लिया है। वह मेरे साथ नहीं चल सकता। यदि तुम मेरी रक्षा नहीं कर सकते, अपने कुल की मर्यादा, नारी का गौरव नहीं बचा सकते, तो मुझे बेच भी नहीं सकते हो। हाँ, तुम लोगों को आपत्ति से बचाने के लिए मैं स्वयं यहाँ से चली जाऊँगी।

शिखरस्वामी : **(मुँह बनाकर)** उँह, राजनीति में ऐसी बातों को स्थान नहीं। जब

तक नियमों के अनुकूल सन्धि का पूर्ण रूप से पालन न किया जाय, तब तक सन्धि का कोई अर्थ ही नहीं।

ध्रुवस्वामिनी : देखती हूँ कि इस राष्ट्र-रक्षा-यज्ञ में रानी की बलि होगी ही।

शिखरस्वामी : दूसरा कोई उपाय नहीं।

ध्रुवस्वामिनी : (**क्रोध से पैर पटकर**) उपाय नहीं, तो न हो, निर्लज्ज अमात्य! फिर ऐसा प्रस्ताव मैं सुनना नहीं चाहती।

रामगुप्त : (**चौंककर**) इस छोटी-सी बात के लिए इतना बड़ा उपद्रव! (**दासी की ओर देखकर**) मेरा तो कण्ठ सूखने लगा।

(**वह मदिरा देती है**)

ध्रुवस्वामिनी : (**दृढ़ता से**) अच्छा, तो अब मैं चाहती हूँ कि अमात्य अपने मन्त्रणा-गृह में जाऐं। मैं केवल रानी ही नहीं, किन्तु स्त्री भी हूँ; मुझे अपने को पति कहलाने वाले पुरुष से कुछ कहना है, राजा से नहीं।

(**शिखरस्वामी का दासियों के साथ प्रस्थान**)

रामगुप्त : ठहरो जी, मैं भी चलता हूँ (**उठना चाहता है। ध्रुवस्वामिनी उसका हाथ पकड़कर रोक लेती है।**) तुम मुझसे क्या कहना चाहती हो?

ध्रुवस्वामिनी : (**ठहरकर**) अकेले यहाँ भय लगता है क्या? बैठिए, सुनिए। मेरे पिता ने उपहारस्वरूप कन्यादान किया था। किन्तु गुप्त सम्राट क्या अपनी पत्नी शत्रु को उपहार में देंगे? (**घुटने के बल बैठकर**) देखिए, मेरी ओर देखिए। मेरा स्त्रीत्व क्या इतने का भी अधिकारी नहीं कि अपने को स्वामी समझने वाला पुरुष उसके लिए प्राणों का पण लगा सके।

रामगुप्त : (**उसे देखता हुआ**) तुम सुन्दर हो, ओह, कितनी सुन्दर; किन्तु सोने की कटार पर मुग्ध होकर उसे कोई अपने हृदय में डुबा नहीं सकता। तुम्हारी सुन्दरता—तुम्हारा नारीत्व—अमूल्य हो सकता है। फिर भी अपने लिए मैं स्वयं कितना आवश्यक हूँ, कदाचित् तुम यह नहीं जानती हो।

ध्रुवस्वामिनी : (**उसके पैरों को पकड़कर**) मैं गुप्त-कुल की वधू होकर इस राजपरिवार में आई हूँ इसी विश्वास पर.....।

रामगुप्त : **(उसे रोककर) वह सब मैं नहीं सुनना चाहता।**

ध्रुवस्वामिनी : मेरी रक्षा करो। मेरे और अपने गौरव की रक्षा करो। राजा, आज मैं शरण की प्रार्थिनी हूं। मैं स्वीकार करती हूँ, कि आज तक मैं तुम्हारे विलास की सहचरी नहीं हुई, किन्तु वह मेरा अहंकार चूर्ण हो गया है। मैं तुम्हारी होकर रहूँगी। राज्य और सम्पत्ति रहने पर राजा को—पुरुष को बहुत-सी रानियाँ और स्त्रियाँ मिलती हैं, किन्तु व्यक्ति का मान नष्ट होने पर फिर नहीं मिलता।

रामगुप्त : **(घबराकर उसका हाथ हटाता हुआ)** ओह, तुम्हारा यह घातक स्पर्श बहुत ही उत्तेजनापूर्ण है। मैं,—नहीं। तुम, मेरी रानी! नहीं, नहीं। जाओ, तुमको जाना पड़ेगा। तुम उपहार की वस्तु हो। आज मैं तुम्हें किसी दूसरे को देना चाहता हूँ। इसमें तुम्हें क्यों आपत्ति हो?

ध्रुवस्वामिनी : **(खड़ी होकर रोष से)** निर्लज्ज! मद्यप!! क्लीव!!! ओह, तो मेरा कोई रक्षक नहीं **(ठहरकर)** नहीं, मैं अपनी रक्षा स्वयं करूँगी। मैं उपहार में देने की वस्तु, शीतलमणि नहीं हूँ। मुझमें रक्त की तरल लालिमा है। मेरा हृदय ऊष्ण है और उसमें आत्मसम्मान की ज्योति है। उसकी रक्षा मैं ही करूँगी **(रशना से कृपाण निकाल लेती है)**।

रामगुप्त : **(भयभीत होकर पीछे हटता हुआ)** तो क्या तुम मेरी हत्या करोगी?

ध्रुवस्वामिनी : तुम्हारी हत्या? नहीं, तुम जियो। भेड़ की तरह तुम्हारा क्षुद्र जीवन! उसे न लूँगी! मैं अपना ही जीवन समाप्त करूँगी।

रामगुप्त : किन्तु तुम्हारे मर जाने पर उस बर्बर शकराज के पास किसको भेजा जाएगा? नहीं, नहीं, ऐसा न करो। हत्या! हत्या!! दौड़ो...। दौड़ो!! **(भागता हुआ निकल जाता है। दूसरी ओर से वेग सहित चन्द्रगुप्त का प्रवेश)**

चन्द्रगुप्त : हत्या! कैसी हत्या!! **(ध्रुवस्वामिनी को देखकर)** यह क्या? महादेवी ठरिए!

ध्रुवस्वामिनी : कुमार, इसी समय तुम्हें भी आना था! **(सकरुण देखती हुई)** मैं प्रार्थना करती हूँ कि तुम यहाँ से चले जाओ! मुझे अपने अपमान

में निर्वसन—नग्न देखने का किसी पुरुष को अधिकार नहीं। मुझे मृत्यु की चादर से अपने को ढँक ले दो।

चन्द्रगुप्त : किन्तु क्या कारण सुनने का मैं अधिकारी नहीं हूँ?

ध्रुवस्वामिनी : सुनोगे? **(ठहरकर सोचती हुई)** नहीं, अभी आत्महत्या नहीं करूँगी। जब तुम आ गए हो तो थोड़ा ठहरूँगी। यह तीखी छुरी इस अतृप्त हृदय में, विकासोन्मुख कुसुम में विषैले कीट के डंक की तरह चुभा दूँ या नहीं, इस पर विचार करूँगी। यदि नहीं तो मेरी दुर्दशा का पुरस्कार क्या कुछ और है? हाँ, जीवन के लिए कृतज्ञ, उपकृत और आभारी होकर किसी के अभिमानपूर्ण आत्म-विज्ञापन का भार ढोती रहूँ,—यही क्या विधाता का निष्ठुर विधान है? छुटकारा नहीं? जीवन नियति के कठोर आदेश पर चलेगा ही? तो क्या यह मेरा जीवन भी अपना नहीं है?

चन्द्रगुप्त : देवि, जीवन विश्व की सम्पत्ति है। प्रमाद से, क्षणिक आवेश से, या दुःख की कठिनाइयों से उसे नष्ट करना ठीक तो नहीं। गुप्त-कुल लक्ष्मी आज यह छिन्नमस्ता का अवतार किसलिए धारण करना चाहती है, सुनूँ भी?

ध्रुवस्वामिनी : नहीं, मैं मरूँगी नहीं! क्योंकि तुम आ गए हो। मेरी शिविका के साथ चामर-सज्जित अश्व पर चढ़कर तुम्हीं उस दिन आए थे? तुम्हारा विश्वासपूर्ण मुखमण्डल मेरे साथ आने में क्यों इतना प्रसन्न था?

चन्द्रगुप्त : मैं गुप्त-कुल-वधू को आदर सहित ले आने के लिए गया था, फिर प्रसन्न क्यों न होता?

ध्रुवस्वामिनी : तो फिर आज मुझे शक-शिविर में पहुँचाने के लिए उसी प्रकार तुमको मेरे साथ चलना होगा। **(आँखों से आँसू पोंछती है!)**

चन्द्रगुप्त : **(आश्चर्य से)** यह कैसा परिहास!

ध्रुवस्वामिनी : कुमार! यह परिहास नहीं, राजा की आज्ञा है। शकराज को मेरी अत्यन्त आवश्यकता है। यह अवरोध, बिना मेरा उपहार दिए नहीं हट सकता।

चन्द्रगुप्त : **(आवेश से)** यह नहीं हो सकता। महादेवी! जिस मर्यादा के लिए—जिस महत्त्व को स्थिर रखने के लिए मैंने राजदण्ड ग्रहण

न करके अपना मिला हुआ अधिकार छोड़ दिया, उसका यह अपमान! मेरे जीवित रहते आर्य समुद्रगुप्त के स्वर्गीय गर्व को इस तरह पद-दलित होना न पड़ेगा। **(ठहरकर)** और भी एक बात है। मेरे हृदय के अन्धकार में प्रथम किरण-सी आकर जिसने अज्ञातभाव से अपना मधुर आलोक ढाल दिया था, उसको भी मैंने केवल इसीलिए भूलने का प्रयत्न किया कि—**(सहसा चुप हो जाता है।)**

ध्रुवस्वामिनी : **(आँख बन्द किए हुए कुतूहल-भरी प्रसन्नता से)** हाँ—हाँ कहो—कहो।

(शिखरस्वामी के साथ रामगुप्त का प्रवेश)

रामगुप्त : देखो तो कुमार! यह भी कोई बात है? आत्महत्या कितना बड़ा अपराध है!

चन्द्रगुप्त : और आप से तो वह भी करते नहीं बनता।

रामगुप्त : **(शिखरस्वामी से)** देखो, कुमार के मन में छिपा हुआ कलुष कितना. ...कितना...भयानक है?

शिखरस्वामी : कुमार, विनय गुप्त-कुल का सर्वोत्तम गृह-विधान है, उसे न भूलना चाहिए!

चन्द्रगुप्त : **(व्यंग्य से हँसकर)** अमात्य, तभी तो तुमने व्यवस्था दी है, कि महादेवी को देखकर भी सन्धि की जाय! क्यों, यही तो विनय की पराकाष्ठा है! ऐसा विनय प्रवञ्चकों का आवरण है, जिसमें शील न हो। और शील परस्पर सम्मान की घोषणा करता है। कापुरुष! आर्य समुद्रगुप्त का सम्मान.....।

शिखरस्वामी : **(बीच में बात काटकर)** उसके लिए मुझे प्राणदण्ड दिया जाए! मैं उसे अविचल भाव से ग्रहण करूँगा; परन्तु राजा और राष्ट्र की रक्षा होनी चाहिए।

मन्दाकिनी : **(प्रवेश करके)** राजा अपने राष्ट्र की रक्षा करने में असमर्थ है, तब भी उस राजा की रक्षा होनी ही चाहिए। अमात्य, यह कैसी विवशता है! तुम मत्युदण्ड के लिए उत्सुक! महादेवी आत्महत्या करने के लिए प्रस्तुत! फिर यह हिचक क्यों? एक बार अन्तिम बल से परीक्षा कर देखो! बचोगे तो राष्ट्र और सम्मान भी बचेगा, नहीं तो सर्वनाश!

चन्द्रगुप्त : आह मन्दा! भला तू कहाँ से यह उल्लास-भरी बात कहने के लिए आ गई? ठीक तो है अमात्य! सुनो, यह स्त्री क्या कह रही है?

रामगुप्त : **(अपने हाथों को मसलते हुए)** दुरभिसन्धि, छल, मेरे प्राण लेने का कौशल!

चन्द्रगुप्त : तब आओ, हम लोग स्त्री बन जाएँ और बैठकर रोएँ।

हिजड़ा : **(प्रवेश करके)** कुमार, स्त्री बनना सहज नहीं है! कुछ दिनों तक मुझसे सीखना होगा। **(सबका मुँह देखता है और शिखरस्वामी के मुँह पर हाथ फेरता है)** उहूँ, तुम नहीं बन सकते! तुम्हारे ऊपर बड़ा कठोर आवरण है। **(कुमार के समीप जाकर)** कुमार! मैं शपथ खाकर कह सकती हूँ कि यदि मैं अपने हाथों से सजा दूँ तो आपको देखकर महादेवी को भ्रम हो जाए।

(चन्द्रगुप्त उसका कान पकड़कर बाहर कर देता है)

ध्रुवस्वामिनी : उसे छोड़ दो कुमार! यहाँ पर एक वही नपुंसक तो नहीं है। बहुत-से लोगों में किसको-किसको निकालोगे?

(चन्द्रगुप्त उसे छोड़कर चिन्तित-सा टहलने लगता है और शिखरस्वामी रामगुप्त के कानों में कुछ कहता है)

चन्द्रगुप्त : **(सहसा खड़े होकर)** अमात्य, तो तुम्हारी ही बात रही। हाँ, उसमें तुम्हारे सहयोगी हिजड़े की भी सम्मति मुझे अच्छी लगी। मैं ध्रुवस्वामिनी बनकर अन्य सामन्त कुमारों के साथ शकराज के पास जाऊँगा। अगर सफल हुआ तब तो कोई बात ही नहीं, अन्यथा मेरी मृत्यु के बाद तुम लोग जैसा उचित समझाना, वैसा करना।

ध्रुवस्वामिनी : **(चन्द्रगुप्त को अपनी भुजाओं में पकड़कर)** नहीं, मैं तुमको न जाने दूँगी। मेरे क्षुद्र, दुर्बल नारी-जीवन का सम्मान बचाने के लिए इतने बड़े बलिदान की आवश्यकता नहीं।

रामगुप्त : **(आश्चर्य और क्रोध से)** छोड़ो-छोड़ो, यह कैसा अनर्थ! सबके सामने यह कैसी निर्लज्जता!

ध्रुवस्वामिनी : **(चन्द्रगुप्त को छोड़ती हुई...जैसे चैतन्य होकर)** यह पाप है? जो मेरे लिए अपनी बलि दे सकता हो, जो मेरे स्नेह—**(ठहरकर)** अथवा

इससे क्या? शकराज क्या मुझे देवी बनाकर भक्ति-भाव से मेरी पूजा करेगा? वाह रे लज्जाशील पुरुष!

(शिखरस्वामी फिर रामगुप्त के कानों में कुछ कहता है। रामगुप्त स्वीकारसूचक सिर हिलाता है)

शिखरस्वामी : राजाधिराज! आज्ञा दीजिए, यही एक उपाय है जिसे कुमार बता रहे हैं। किन्तु राजनीति की दृष्टि से महादेवी का भी वहाँ जाना आवश्यक है।

चन्द्रगुप्त : **(क्रोध से)** क्यों आवश्यक है? यदि उन्हें जाना ही पड़ा, तो फिर मेरे जाने से क्या लाभ? तब मैं न जाऊँगा।

रामगुप्त : नहीं, यह मेरी आज्ञा है। सामन्त कुमारों के साथ जाने के लिए प्रस्तुत हो जाओ।

ध्रुवस्वामिनी : तो कुमार! हम लोगों का चलना निश्चित ही है। अब इसमें विलम्ब की आवश्यकता नहीं।

(चन्द्रगुप्त का प्रस्थान। ध्रुवस्वामिनी मंच पर बैठकर रोने लगती है)

रामगुप्त : अब यह कैसा अभिनय! मुझे तो पहले से ही शंका थी और आज तो तुमने मेरी आँखें खोल दी।

ध्रुवस्वामिनी : अनाग्र निष्ठुर! मुझे कलंक-कालिमा के कारागर में बन्द कर, मर्म-वाक्य के धुएँ से दम घोंटकर मार डालने की आशा न करो। आज मेरी असहायता मुझे अमृत पिलाकर मेरा निर्लज्ज जीवन बढ़ाने के लिए तत्पर है। **(उठकर, हाथ से निकल जाने का संकेत करते हुए)** जाओ, मैं एकान्त चाहती हूँ।

(शिखरस्वामी के साथ रामगुप्त का प्रस्थान)

ध्रुवस्वामिनी : कितना अनुभूतिपूर्ण था वह एक क्षण का आलिंगन। कितने सन्तोष से भरा था! नियति ने अज्ञात भाव से मानों लू से तपी हुई वसुधा को क्षितिज के निर्जन में सायंकालीन शीतल आकाश से मिला दिया हो। **(ठहरकर)** जिस आयुविहीन प्रदेश में उखड़ी हुई साँसों पर बन्धन हो—अर्गला हो, वहाँ रहते-रहते यह जीवन असह्य हो गया था। तो भी मरूँगी नहीं। संसार के कुछ दिन विधाता के विधान में अपने लिए सुरक्षित करा

लूँगी। कुमार! तुमने वही किया, जिसे मैं बचाती रही। तुम्हारे उपकार और स्नेह की वर्षा से मैं भीगी जा रही हूँ। ओह, (हृदय पर उँगली रखकर) इस वक्षस्थल में दो हृदय हैं क्या? अब अन्तरंग 'हाँ' करना चाहता है, जब ऊपरी मन 'ना' क्यों कह देता है?

चन्द्रगुप्त : **(प्रवेश करके)** महादेवी, हम लोग प्रस्तुत हैं, किन्तु ध्रुवस्वामिनी के साथ शक-शिविर में जाने के लिए हम लोग सहमत नहीं।

ध्रुवस्वामिनी : **(हँसकर)** राजा की आज्ञा मान लेना ही पर्याप्त नहीं। रानी की भी एक बात न मानोगे? मैं तो पहले ही कुमार से प्रार्थना की थी कि मुझे जैसे ले आए हो उसी तरह पहुँचा भी दो।

चन्द्रगुप्त : नहीं—मैं अकेले ही जाऊँगा।

ध्रुवस्वामिनी : कुमार! यह मृत्यु और निर्वासन का सुख तुम अकेले ही लोगे, ऐसा नहीं हो सकता। राजा की इच्छा क्या है, यह जानते हो? मुझसे और तुमसे एक साथ ही छुटकारा! तो फिर वही क्यों न हो? हम दोनों ही चलेंगे।

मृत्यु के गह्वर में प्रवेश करने के समय मैं भी तुम्हारी ज्योति बनकर बुझ जाने की कामना रखती हूँ। और भी एक विनोद, प्रलय का परिहास, देख सकूँगी। मेरे सहचरी! तुम्हारा वह ध्रुवस्वामिनी का वेश ध्रुवस्वामिनी ही न देखे तो किस काम का?

(दोनों हाथों से चन्द्रगुप्त का चिबुक पकड़ कर सकरूण देखती है।)

चन्द्रगुप्त : **(अधखुली आँखों से देखता हुआ)** तो फिर चलो।

(सामंतकुमारों के आगे-आगे मंदाकिनी का गंभीर-स्वर में गाते हुए प्रवेश)

पैरों के नीचे जलधर हों, बिजली से उनका खेल चले।
संकीर्ण कगारों के नीचे, शत-शत झरने बेमेल चलें॥
सन्नाटे में हो विकल पवन, पादप निज पद हों चूम रहे।
तब भी गिरि पथ का अथक पथिक, ऊपर ऊँचे सब झेल चले॥
पृथ्वी की आँखों में बनकर, छाया का पुतला बढ़ता हो।

सूने तम में हो ज्योति बना, अपनी प्रतिमा को गढ़ता हो॥
पीड़ा की धूल उड़ाता-सा, बाधाओं को ठुकराता-सा।
कष्टों पर कुछ मुसक्याता-सा, ऊपर ऊँचे सब झेल चले॥
खिलते हों क्षत के फूल वहाँ, बन व्यथा तमिस्रा के तारे।
पद-पद पर ताण्डव नर्तक हों, स्वर सप्तक होवें लय सारे॥
भैरव रव से हो व्याप्त दिशा, हो काँप रही भय-चकित निशा।
हो स्वेद धार बहती कपिशा, ऊपर ऊंचे सब झेल चले॥
विचलित हो अचल न मौन रहे, निष्ठुर शृंगार उतरता हो।
क्रन्दन कम्पन्न न पुकार बने, निज साहस पर निर्भरता हो॥
अपनी ज्वाला को आप पिये, नव नील कण्ठ की छाप लिये।
विश्राम शांति को शाप दिए, ऊपर ऊँचे सब झेल चले॥
(चन्द्रगुप्त और ध्रुवस्वामिनी के साथ सबका धीरे-धीरे प्रस्थान। अकेली मन्दाकिनी खड़ी रह जाती है।)

[पटाक्षेप]

द्वितीय अंक

(एक दुर्ग के भीतर सुनहले कामवाले खम्भों पर एक दालान, बीच में छोटी-छोटी सी सीढ़ियाँ, उसी के सामने कश्मीरी खुदाई का सुंदर लकड़ी का सिंहासन। बीच के दो खंभे खुले हुए हैं, उनके दोनों ओर मोटे-मोटे चित्र बनेहुए तिब्बती ढंग से रेशमी पर्दे पड़े हैं, सामने बीच में छोटा-सा आँगनकी तरह जिसके दोनों ओर क्यारियाँ, उनमें दो-चार पौधे और लताएँ फूलों से लदी दिखलाई पड़ती हैं।)

कोमा : **(धीरे-धीरे पौधों को देखती हुई प्रवेश करके)** इन्हें सींचना पड़ता है, नहीं तो इनकी रुखाई और मलिनता सौंदर्य पर आवरण डाल देती हैं। **(देखकर)** आज तो इनके पत्ते धुले हुए भी नहीं हैं। इनमें फूल, जैसे मुकुलित होकर ही रह गए हैं। खिलखिलाकर हँसने का मानो इन्हें बल नहीं। **(सोचकर)** ठीक, इधर कई दिनों में महाराज अपने युद्ध-विग्रह में लगे हुए हैं और मैं भी यहाँ नहीं आई, तो फिर इनकी चिन्ता कौन करता? उस दिन मैंने यहाँ दो मञ्च और भी रख देने के लिए कह दिया था, पर सुनता कौन है? सब जैसे रक्त के प्यासे! प्राण लेने और देने में पागल! वसन्त का उदास और असल पवन आता है, चला जाता है। कोई उस स्पर्श से परिचित नहीं। ऐसा तो वास्तविक जीवन नहीं है? **(सीढ़ी पर बैठकर सोचने लगती है)** प्रणय प्रेम! जब सामने से आते हुए तीव्र आलोक की तरह आँखों में प्रकाशपुञ्ज उंड़ेल देता है, तब सामने की सब वस्तुएँ और भी अस्पष्ट हो जाती हैं। अपनी ओर से कोई भी प्रकाश की किरण नहीं। तब वही, केवल वही! हो पागलपन, भूल हों, दुःख मिले। प्रेम करने की एक ऋतु होती है। उसमें चूकना, उसमें

सोच-समझकर चलना दोनों बराबर हैं। सुना है दोनों ही संसार के चतुरों की दृष्टि से मूर्ख बनते हैं, तब कोता, तू किसे अच्छा समझती है?

गीत : **यौवन! तेरी चंचल छाया।**
इसमें बैठे घूँट भर पी लूँ जो रस तू है लाया।
मेरे प्याले में पद बनकर कब तू छली समाया।
जीवन-वंशी के छिद्रों में स्वर बनकर लहराया।
पल भर रुकने वाले! कह तू पथिक! कहाँ से आया?

(चुप होकर आँखें बंद किए तन्मय होकर बैठी रह रह जाती है। शकराज का प्रवेश। हाथ में एक लम्बी तलवार लिए चिंतित भाव से आकर इस तरह खड़ा होता है, जिससे कोमा को नहीं देखता।)

शकराज : खिंगल अभी नहीं आया, क्या वह बंदी तो नहीं कर लिया गया? नहीं, यदि वे अंधे नहीं हैं तो उन्हें अपने सिर पर खड़ी विपत्ति दिखाई देनी चाहिए। **(सोचकर)** विपत्ति, केवल उन्हीं पर तो नहीं है, हम लोगों को भी रक्त की नदी बहानी पड़ेगी। चित्त बड़ा चंचल हो रहा है, तो बैठ जाऊँ? इस एकान्त में अपने बिखरे हुए मन को सँभाल लूँ। **(इधर-उधर देखता है, कोमा आहट पाकर खड़ी होती है। उसे देखकर)** अरे, कोमा! कोमा!

कोमा : हाँ, महाराज! क्या आज्ञा है?

शकराज : **(उसे स्निग्ध भाव से देखकर)** आज्ञा नहीं, कोमा! तुम्हें आज्ञा न दूँगा! तुम रूठी हुई-सी क्यों बोल रही हो?

कोमा : रूठने का सुहाग मुझे मिला कब?

शकराज : आजकल मैं जैसी भीषण परिस्थिति में हूँ, उसमें अन्यमनस्क होना स्वाभाविक है, तुम्हें यह भूल न जाना चाहिए।

कोमा : तो क्या आपकी दुश्चिन्ताओं में मेरा भाग नहीं? मुझे उससे अलग रखने से क्या वह परिस्थिति कुछ सरल हो रही है?

शकराज : तुम्हारे हृदय को उन दुर्भावनाओं में डालकर व्यथित नहीं करना चाहता। मेरे सामने जीवन-मरण का प्रश्न है।

कोमा : प्रश्न स्वयं किसी के सामने नहीं आते। मैं तो समझती हूँ, मनुष्य उन्हें जीवन के लिए उपयोगी समझता है। मकड़ी की तरह लटकने के लिए अपने-आप ही जाला बुनता है। जीवन का प्राथमिक प्रसन्न उल्लास मनुष्य के भविष्य में मंगल और सौभाग्य को आमंत्रित करता है। उससे उदासीन न होना चाहिए। महाराज!

शकराज : सौभाग्य और दुर्भाग्य मनुष्य की दुर्बलता के नाम हैं। मैं तो पुरुषार्थ को ही सबका नियामक समझता हूँ! पुरुषार्थ ही सौभाग्य को खींच लाता है। हाँ, मैं इस युद्ध के लिए उत्सुक नहीं था कोमा, मैं ही दिग्विजय के लिए नहीं निकला था।

कोमा : संसार के नियम के अनुसार आप अपने से महान् के सम्मुख थोड़ा-सा विनीत बनकर उस उपद्रव से अलग रह सकते थे।

शकराज : यही तो मुझसे नहीं हो सकता।

कोमा : अभावमयी लघुता में मनुष्य अपने को महत्त्वपूर्ण दिखाने का अभिनय न करे तो क्या अच्छा नहीं है?

शकराज : **(चिढ़कर)** यह शिक्षा अभी रहने दो कोमा, मैं किसी से बड़ा नहीं हूँ तो छोटा भी नहीं बनना चाहता। तुम अभी तक पाषाणी प्रतिमा की तरह वहीं खड़ी हो, मेरे पास आओ।

कोमा : पाषाणी! हाँ, राजा! पाषाणी के भीतर भी कितने मधुर स्रोत बहते रहते हैं। उनमें मदिरा नहीं, शीतल जल की धारा बहती है। प्यासों की तृप्ति–

शकराज : किन्तु मुझे तो इस समय स्फूर्ति के लिए एक प्याला मदिरा ही चाहिए।

कोमा : **(स्थिर दृष्टि से देखती हुई)** मैं ले आती हूँ। आप बैठिए।

(कोमा एक छोटा-सा मञ्च रख देती है और चली जाती है। शकराज मञ्च पर बैठ जाता है। खिंगल का प्रवेश)

शकराज : कहो जी, क्या समाचार है?

खिंगल : महाराज! मैं उन्हें अच्छी तरह समझा दिया कि हम लोगों का अवरोध दृढ़ है। उन्हें दो में से एक करना ही होगा। या तो अपने प्राण दें अन्यथा मेरे सन्धि के नियमों को स्वीकार करें।

शकराज : **(उत्सुकता से)** तो वे समझ गए?

खिंगल : दूसरा उपाय ही क्या था! यह छोकड़ा रामगुप्त, समुद्रगुप्त की तरह दिग्विजय करने निकला था। उसे इन बीहड़ पहाड़ी घाटियों का परिचय नहीं मिला था। किन्तु सब बातों को समझकर वह अपने नियमों को मानने के लिए बाध्य हुआ।

शकराज : **(प्रसन्नता से उठकर दोनों हाथ पकड़ लेता है)** ऐं! तुम सच कहते हो? मुझे आशा नहीं। क्या मेरा दूसरा प्रस्ताव भी रामगुप्त ने मान लिया?

(स्वर्ण के कलश में मदिरा लेकर कोमा चुपके से आकर पीछे खड़ी हो जाती है।)

खिंगल : हाँ महाराज! उसने माँगे हुए सब उपहारों को देना स्वीकार किया और ध्रुवस्वामिनी भी आपकी सेवा में शीघ्र ही उपस्थित होती है। **(कोमा चौंक उठती है और शकराज प्रसन्नता से खिंगल के हाथों को झकझोरने लगता है)**

शकराज : खिंगल! तुमने कितना सुंदर समाचार सुनाया! आज देव-पुत्रों की स्वर्गीय आत्माएँ प्रसन्न होंगी। उनकी पराजयों का यह प्रतिशोध है। हम लोग गुप्तों की दृष्टि में जंगली, बर्बर और असभ्य हैं तो फिर मेरी प्रतिहिंसा ही बर्बरता के भी अनुकूल होगी। हाँ, मैंने अपने शूर-सामन्तों के लिए भी स्त्रियाँ माँगी थीं।

खिंगल : वे भी साथ ही आएँगी।

शकराज : तो फिर सोने की झाँझवाली नाच का प्रबन्ध करो। इस विजय का उत्सव मनाया जाय और मेरे सामन्तों का भी शीघ्र बुला लाओ। **(खिंगल का प्रस्थान। शकराज अपनी प्रसन्नता में उद्विग्न-सा इधर-उधर टहलने लगता है और कोमा अपना कलश लिए हुए धीरे-धीरे सिंहासन के पास जाकर खड़ी हो जाती है। चार सामन्तों का प्रवेश। दूसरी ओर से नर्तकियों का दल आता है। शकराज उनकी ओर ही देखता हुआ सिंहासन पर बैठ जाता है। सामन्त लोग उसके पैरों के नीचे सीढ़ियों पर बैठते हैं। नर्तकियाँ नाचती हुई गाती हैं)**

गाना : **अस्ताचल पर युवती सन्ध्या की खुली अलक घुँघराली है।**
लो, मानिक मदिरा की धारा अब बहने लगी निराली है।

भरी ली पहाड़ियों ने अपनी झीलों की रत्नमयी प्याली।
झुक चली चूमने बल्लरियों से लिपटी तरु की डाली है।
यह लगा पिघलने मानिनियों का हृदय मृदु-प्रणय-रोष भरा।
वे हँसती हुई दुलार-भरी मधु लहर उठाने वाली है।
भरने निकले हैं प्यार भरे जोड़े कुंजों की झुरमुट से।
इस मधुर अँधेरी में अब तक क्या इनकी प्याली खाली है।
भर उठीं प्यालियाँ, सुमनों ने सौरभ मकरन्द मिलाया है।
कामिनियों ने अनुराग-भरे अधरों से उन्हें लगा ली है।
वसुधा मदमाती हुई उधर आकाश लगा देखो झुकने।
सब झूम रहे अपने सुख में तू ने क्यों बाधा डाली है।

(नर्तकियाँ जाने लगती हैं)

एक सामन्त : श्रीमान्! इतनी बड़ी विजय के अवसर पर इस सूखे उत्सव से सन्तोष नहीं होता, जबकि कलश सामने भरा हुआ रखा है।

शकराज : ठीक है, इन लोगों को केवल कहकर ही नहीं, प्यालियाँ भरकर भी देनी चाहिए।"

(सब पीते हैं और नर्तकियाँ एक-एक को सानुरोध पान कराती हैं)

दूसरा सामन्त : श्रीमान् की आज्ञा मानने के अतिरिक्त दूसरी गति नहीं। उन्होंने समझ से काम लिया, नहीं तो हम लोगों को इस रात की कालिमा में रक्त की लाली मिलानी पड़ती।

तीसरा सामन्त : क्यों बक-बक करते हो? चुपचाप इस बिना परिश्रम की विजय का आनन्द लो। लड़ना पड़ता तो सारी हेकड़ी भूल जाती।

दूसरा सामन्त : **(क्रोध से लड़खड़ाता हुआ उठता है)** हमसे।

तीसरा सामन्त : हाँ जी तुमसे!

दूसरा सामन्त : तो फिर आओ, तुम्हीं से निपट लें। **(सब परस्पर लड़ने की चेष्टा कर रहे हैं। शकराज खिंगल को संकेत करता है। वह उन लोगों को बाहर लिवा जाता है। तूर्यनाद)**

शकराज : रात्रि के आगमन की सूचना हो गई। दुर्ग का द्वार अब शीघ्र ही बन्द होगा। अब तो हृदय अधीर हो रहा है। खिंगल!

(खिंगल का पुनः प्रवेश)

खिंगल : दुर्ग-तोरण में शिविकाएँ आ गई हैं।

शकराज : **(गर्व से)** तब विलम्ब क्यों? उन्हें अभी ले आओ।

खिंगल : (सविनय) किन्तु रानी की एक प्रार्थना है।

शकराज : क्या ?

खिंगल : वह पहले केवल श्रीमान् से ही सीधे भेंट करना चाहती हैं। उसकी मर्यादा...

शकराज : **(ठठाकर हँसते हुए)** क्या कहा? मर्यादा! भाग्य ने झुकने के लिए जिन्हें विवश कर दिया है, उन लोगों के मन में मर्यादा का ध्यान और भी अधिक रहता है। यह उनकी दयनीय दशा है।

खिंगल : वह श्रीमान् की रानी होने के लिए आ रही हैं।

शकराज : **(हँसकर)** अच्छा, तुम मध्यस्थ हो न! तुम्हारी बात मानकर मैं उससे एकान्त में ही भेंट करूँगा! जाओ।

(खिंगल का प्रस्थान)

कोमा : महाराज! मुझे क्या आज्ञा है?

शकराज : **(चौंककर)** अरे, तुम अभी यहीं खड़ी हो? मैं तो जैसे भूल ही गया था। हृदय चंचल हो रहा है। मेरे समीप आओ कोमा!

कोमा : नई रानी के आगमन की प्रसन्नता से?

शकराज : **(सँभलकर)** नई रानी का आना क्या तुम्हें अच्छा नहीं लगा कोमा?

कोमा : **(निर्विकार भाव से)** संसार में बहुत-सी बातें बिना अच्छी हुए भी अच्छी लगती हैं, और बहुत-सी अच्छी बातें बुरी मालूम पड़ती हैं।

शकराज : **(झुँझलाकर)** तुम तो आचार्य मिहिरदेव की तरह दार्शनिकों की-सी बातें कर रही हो।

कोमा : वे मेरे पिता-तुल्य हैं, उन्हीं की शिक्षा में मैं पली हूँ। हाँ, ठीक है, जो बातें राजा को अच्छी लगें, वे ही मुझे भी रुचनी ही चाहिएँ।

शकराज : **(अव्यवस्थित होकर)** अच्छा, तुम इतनी अनुभूतिमयी हो, यह मैं आज जान सका।

कोमा : राजा, तुम्हारी स्नेह-सूचनाओं की सहज प्रसन्नता और मधुर अलापों ने जिस दिन मन के नीरस और नीरव शून्य में संगीत की, वसन्त की और मकरन्द की सृष्टि की थी, उसी दिन से मैं अनुभूतिमयी

बन गई हूँ। क्या वह मेरा भ्रम था? कह दो—कह दो कि वह तेरी भूल थी।

(उत्तेजित कोमा सिर उठाकर राजा से आँख मिलाती है)

शकराज : **(संकोच से)** नहीं कोमा, वह भ्रम नहीं था। मैं सचमुच तुम्हें प्यार करता हूँ।

कोमा : **(उसी तरह)** तब भी यह बात?

शकराज : **(सशंक)** कौन-सी बात?

कोमा : वही, जो आज होने जा रही है! मेरे राजा! आज तुम एक स्त्री को अपने पति से विच्छिन्न कराकर अपने गर्व की तृप्ति के लिए कैसा अनर्थ कर रहे हो?

शकराज : **(बात उड़ाते हुए, हँसकर)** पागल कोमा! वह मेरी राजनीति का प्रतिशोध है।

कोमा : **(दृढ़ता से)** किन्तु, राजनीति का प्रतिशोध क्या एक नारी को कुचले बिना नहीं हो सकता?

शकराज : जो विषय न समझ में आवे, उस पर विवाद न करो।

कोमा : **(खिन्न होकर)** मैं क्यों न करूँ **(ठहरकर)** किन्तु नहीं, मुझे विवाद करने का अधिकार नहीं। यह मैं समझ गई।

(वह दुःखी होकर जाना चाहती है कि दूसरी ओर से महिरदेव का प्रवेश।

शकराज : **(सम्भ्रम से खड़ा होकर)** धर्मपूज्य! मैं वन्दना करता हूँ।

मिहिरदेव : कल्याण हो! **(कोमा के सिर पर हाथ रखकर)** बेटी! मैं तो तुमको ही देखने चला आया। तू उदास क्यों है?

(शकराज की ओर मूक दृष्टि से देखने लगता है)

शकराज : आचार्य! रामगुप्त का दर्प दलन करने के लिए मैंने ध्रुवस्वामिनी को उपहार में भेजने की आज्ञा उसे दी थी। आज रामगुप्त की रानी मेरे दुर्ग में आई है। कोमा को इसमें आपत्ति है।

मिहिरदेव : **(गम्भीरता से)** ऐसे काम में तो आपत्ति होनी ही चाहिए, राजा! स्त्री का सम्मान नष्ट करके तुम जो भयानक अपराध करोगे, उसका फल क्या अच्छा होगा? और भी, यह अपनी भावी पत्नी के प्रति तुम्हारा अत्याचार होगा।

शकराज : **(क्षोभ से)** भावी पत्नी?

मिहिरदेव : अरे, क्या तुम इस क्षणिक सफलता से प्रमत्त हो जाओगे? क्या तुमने अपने आचार्य की प्रतिपालिता कुमारी के साथ स्नेह का सम्बन्ध नहीं स्थापित किया है? क्या इसमें भी सन्देह है? राजा! स्त्रियों का स्नेह-विश्वास भङ्ग कर देना, कोमल तन्तु को तोड़ने से भी सहज है; परन्तु सावधान होकर उसके परिणाम को भी सोच लो।

शकराज : मैं समझता हूँ कि आप मेरे राजनीतिक कामों में हस्तक्षेप न करें तो अच्छा हो।

मिहिरदेव : राजनीति? राजनीति ही मनुष्यों के लिए सब कुछ नहीं है। राजनीति के पीछे नीति से भी हाथ न धो बैठो, जिसका विश्व मानव के साथ व्यापक सम्बन्ध है। राजनीति की साधारण छलनाओं से सफलता प्राप्त करके क्षण-भर के लिए तुम अपने को चतुर समझने की भूल कर सकते हो, परन्तु इस भीषण संसार में एक प्रेम करने वाले हृदय को खो देना, सबसे बड़ी हानि, है शकराज! दो प्यार करने वाले हृदयों के बीच में स्वर्गीय ज्योति का निवास है।

शकराज : बस, बहुत हो चुका। आपके महत्त्व की भी कोई सीमा होगी। अब आप यहाँ से नहीं जाते हैं, तो मैं ही चला जाता हूँ।

(प्रस्थान)

मिहिरदेव : चल कोमा! हम लोगों को लताओं, वृक्षों और चट्टानों से छाया और सहानुभूति मिलेगी। इस दुर्ग से बाहर चल।

कोमा : **(गद्गद कण्ठ से)** पिता जी! **(खड़ी रहती है)**

मिहिरदेव : बेटी! हृदय को सँभाल। कष्ट सहन करने के लिए प्रस्तुत हो जा। प्रतारणा में बड़ा मोह होता है। उसे छोड़ने को मन नहीं करता। कोमा! छल का बहिरङ्ग सुन्दर होता है : विनीत और आकर्षक भी; पर दुखदायी और हृदय को बेधने के लिए इस वन्धन को तोड़ डाल।

कोमा : **(सकरुण)** तोड़ डालूँ पिता जी! मैंने जिसे अपने आँसुओं से सींचा, वही दुलारभरी वल्लरी, मेरे आँख बन्द कर चलने में मेरे ही पैरों से उलझ गई है। दे दूँ एक झटका—उसकी हरी-हरी पत्तियाँ कुचल

जाएँ और वह छिन्न होकर धूल में लोटने लगे? न, ऐसी कठोर आज्ञा न दो।

मिहिरदेव : **(निःश्वास लेकर आकाश को देखते हुए)** यहाँ तेरी भलाई होती, तो मैं चलने के लिए न कहता। हम लोग अखरोट की छाया में बैठेंगे—झरनों के किनारे, दाख के कुंजों में विश्राम करेंगे। जब नीले आकाश में मेघों के टुकड़े, मानसरोवर जाने वाले हंसों का अभिनय करेंगे, तब तू अपनी तकली पर ऊन कातती हुई कहानी कहेगी और मैं सुनूँगा।

कोमा : तो चलूँ! **(एक बार चारों ओर देखकर)** एक घड़ी के लिए मुझे...

मिहिरदेव : **(ऊबकर आकाश की ओर देखता हुआ)** तू नहीं मानती। वह देख, नील लोहित रंङ्ग का धूमकेतु अविचल भाव से इस दुर्ग की ओर कैसा भयानक सङ्केत कर रहा है।

कोमा : **(उधर देखते हुए)** तब एक क्षण मुझे...

मिहिरदेव : पागल लड़की! अच्छा, मैं फिर आऊँगा। तू सोच ले, विचार कर ले **(जाता है)**।

कोमा : जाना ही होगा! तब यह मन की उलझन क्यों? अमंगल का अभिशाप अपनी क्रूर हँसी से इम दुर्ग को कँपा देगा, और सुख के स्वप्न विलीन हो जाएेगे। मेरे यहाँ रहने से उन्हें अपने भावों को छिपाने के लिए बनावटी व्यवहार करना होगा; पग-पग पर अपमानित होकर मेरा हृदय उसे सह न सकेगा। तो चलूँ! यही ठीक है! पिताजी! ठहरिए, मैं आती हूँ।

शकराज : **(प्रवेश करके)** कोमा!

कोमा : जाती हूँ राजा!

शकराज : **(भयभीत होकर उसे देखता हुआ)** ओह! भयावनी पूँछ वाला धूमकेतु! आकाश का उच्छृङ्खल पर्यटक! नक्षत्र लोक का अभिशाप! कोमा! आचार्य को बुलाओ। वे जो आदेश देंगे वही मैं करूँगा। इस अमङ्गल की शान्ति होनी चाहिए।

कोमा : वे बहुत चिढ़ गए हैं। अब उनको प्रसन्न करना सहज नहीं है। वे मुझे अपने साथ लिवा जाने के लिए मेरी प्रतीक्षा करते होंगे।

शकराज : कोमा! पिताजी के साथ...।

कोमा : पिताजी के साथ।

शकराज : और मेरा प्यार, मेरा स्नेह, सब भुला दोगी? इस अमङ्गल की शान्ति करने के लिए आचार्य को न समझाओगी।

कोमा : **(खिन्न होकर)** प्रेम का नाम न लो। वह एक पीड़ा थी जो छूट गई। उसकी कसक भी धीरे-धीरे दूर हो जाएगी। राजा, मैं तुम्हें प्यार नहीं करती। मैं तो दर्प से दीप्त तुम्हारी महत्त्वमयी पुरुष-मूर्ति की पुजारिन थी, जिसमें पृथ्वी पर अपने पैरों से खड़े रहने की दृढ़ता थी। इस स्वार्थ-मलिन कलुष से भरी मूर्ति से मेरा परिचय नहीं। अपने तेज की अग्नि में जो सब कुछ भस्म कर सकता हो, उसे दृढ़ता का आकाश के नक्षत्र कुछ बना-बिगाड़ नहीं सकते। तुम आशङ्का मात्र से दुर्बल—कम्पित और भयभीत हो।

शकराज : **(धूमकेतु को बार-बार देखता हुआ)** भयानक! कोमा, मुझे बचाओ!

कोमा : जाती हूँ महाराज! पिताजी मेरी प्रतीक्षा करते होंगे।

(जाती है। शकराज अपने सिंहासन पर हताश होकर बैठ जाता है।)

प्रहरी : **(प्रवेश करके)** महाराज! ध्रुवस्वामिनी ने पूछा है कि एकान्त हो तो आऊँ।

शकराज : हाँ, कह दो कि यहाँ एकान्त है। और देखो, यहाँ दूसरा कोई न आने पावे।

(प्रहरी जाता है। शकराज चंचल होकर टहलने लगता है। धूमकेतु की ओर दृष्टि जाती है तो भयभीत होकर बैठ जाता है।)

शकराज : तो इसका कोई उपाय नहीं? न जाने क्यों मेरा हृदय घबरा रहा है। कोमा को समझा-बुझाकर ले आना चाहिए। **(सोचकर)** किन्तु इधर ध्रुवस्वामिनी जो आ रही है! तो भी देखूँ, यदि कोमा प्रसन्न हो जाय...**(जाता है)**।

(स्त्री-वेश में चन्द्रगुप्त आगे और पीछे ध्रुवस्वामिनी स्वर्ण-खचित उत्तरीय में सब अङ्ग छिपाए हुए आती है। केवल खुले हुए मुँह पर प्रसन्न चेष्टा दिखाई देती है।)

चन्द्रगुप्त : तुम आज कितनी प्रसन्न हो!

ध्रुवस्वामिनी : और तुम क्या नहीं?

चन्द्रगुप्त : मेरे जीवन-निशीथ का ध्रुव-नक्षत्र इस घोर अन्धकार में अपनी स्थिर उज्ज्वलता से चमक रहा है। आज महोत्सव है न?

ध्रुवस्वामिनी : लौट जाओ, इस तुच्छ नारी-जीवन के लिए इतने महान् उत्सर्ग की आवश्यकता नहीं।

चन्द्रगुप्त : देवि! यह तुम्हारा क्षणिक मोह है। मेरी परीक्षा न लो। मेरे शरीर ने चाहे जो रूप धारण किया हो, किन्तु हृदय निश्छल है।

ध्रुवस्वामिनी : अपनी कामना की वस्तु न पाकर यह आत्महत्या-जैसा प्रसङ्ग तो नहीं है।

चन्द्रगुप्त : तीखे वचनों से मर्माहत करके भी आज कोई मुझे इस मृत्यु-पक्ष से विमुख नहीं कर सकता। मैं केवल अपना कर्त्तव्य करूँ, इसी में मुझे सुख है। **(ध्रुवस्वामिनी सङ्केत करती है। शकराज का प्रवेश दोनों। चुप हो जाते हैं। वह दोनों को चकित होकर देखता है।)**

शकराज : मैं किसको रानी समझूँ? रूप का ऐसा तीव्र आलोक!...नहीं, मैंने कभी नहीं देखा था। इसमें कौन ध्रुवस्वामिनी है?

ध्रुवस्वामिनी : यह मैं आ गई हूं।

चन्द्रगुप्त : **(हँसकर)** शकराज को तुम धोखा नहीं दे सकती हो। ध्रुवस्वामिनी कौन है? यह एक अन्धा भी बता सकता है।

ध्रुवस्वांमिनी : **(आश्चर्य से)** चन्द्रे! तुमको क्या हो गया है? यहाँ आने पर तुम्हारी इच्छा रानी बनने की हो गई है? या मुझे शकराज से बचा लेने के लिए यह तुम्हारी स्वामिभक्ति है?

(शकराज चकित होकर दोनों की ओर देखता है)

चन्द्रगुप्त : कौन जाने तुम्हीं ऐसा कर रही हो?

ध्रुवस्वामिनी : चन्द्रे! तुम मुझे दोनों ओर से नष्ट न करो। यहाँ से लौट जाने पर भी क्या मैं गुप्तकुल के अन्तःपुर में रह पाऊँगी।

चन्द्रगुप्त : चन्द्रे कहकर मुझको पुकारने से क्या तात्पर्य है? यह अच्छा झगड़ा तुमने फैलाया। इसीलिए मैंने एकान्त में मिलने की प्रार्थना की थी।

ध्रुवस्वामिनी : तो क्या मैं यहाँ भी छली जाऊँगी?

शकराज : ठहरो, **(दोनों को ध्यान से देखता हुआ)** क्या चिन्ता यदि मैं दोनों को ही रानी समझ लूँ?

ध्रुवस्वामिनी : ऐं...

चन्द्रगुप्त : हैं...

शकराज : क्यों, इसमें क्या बुरी बात है?

चन्द्रगुप्त : जी नहीं, यह नहीं हो सकता। ध्रुवस्वामिनी कौन है, पहले इसका निर्णय होना चाहिए।

ध्रुवस्वामिनी : **(क्रोध से)** चन्द्रे! मेरे भाग्य के आकाश में धूमकेतु-सी अपनी गति बन्द करो।

शकराज : **(धूमकेतु की ओर देखकर भयभीत-सा)** ओह भयानक! **(व्यग्र भाव से टहलने लगता है।)**

चन्द्रगुप्त : **(शकराज की पीठ पर हाथ रखकर)** सुनिए...

ध्रुवस्वामिनी : चन्द्रे!

चन्द्रगुप्त : इस धमकी से कोई लाभ नहीं।

ध्रुवस्वामिनी : तो फिर मेरा और तुम्हारा जीवन-मरण साथ ही होगा।

चन्द्रगुप्त : तो डरता कौन है **(दोनों ही शीघ्र कटार निकाल लेते हैं)**

शकराज : **(घबराकर)** हैं, यह क्या? तुम लोग क्या कर रहे हो? ठहरो आचार्य ने ठीक कहा है, आज शुभ मुहूर्त नहीं। मैं कल विश्वसनीय व्यक्ति को बुलाकर इसका निश्चय कर लूँगा। आज तुम लोग विश्राम करो।

ध्रुवस्वामिनी : नहीं, इसका निश्चय तो आज ही होना चाहिए।

शकराज : **(बीच में खड़ा होकर)** मैं कहता हूँ न।

चन्द्रगुप्त : वाह रे कहने वाले!

(ध्रुवस्वामिनी मानो चन्द्रगुप्त के आक्रमण से भयभीत होकर पीछे हटती है और तूर्यनाद करती है। शकराज आश्चर्य से उसे सुनता हुआ सहसा घुमकर चन्द्रगुप्त का हाथ पकड़ लेता है। ध्रुवस्वामिनी झटके से चन्द्रगुप्त का उत्तरीय खींच लेती है और चन्द्रगुप्त हाथ छुड़ाकर शकराज को घेर लेता है)

शकराज : **(चकित-सा)** ऐं, यह तुम कौन प्रवञ्चक?

चन्द्रगुप्त : मैं हूँ चन्द्रगुप्त, तुम्हारा काल। मैं अकेला आया हूँ, तुम्हारी वीरता

की परीक्षा लेने। सावधान!

(शकराज भी कटार निकालकर युद्ध के लिए अग्रसर होता है। युद्ध और शकराज की मृत्यु। बाहर दुर्ग में कोलाहल। 'ध्रुवस्वामिनी की जय' का हल्ला मचाते हुए रक्तारक्त कलेवर सामन्त-कुमारों का प्रवेश। ध्रुवस्वामिनी और चन्द्रगुप्त को घेरकर समवेत स्वर से 'ध्रुवस्वामिनी की जय हो!')

[पटाक्षेप]

तृतीय अंक

(शक-दुर्ग के भीतर एक प्रकोष्ठ। तीन मञ्चों में दो खाली और एक पर ध्रुवस्वामिनी पादपीठ के ऊपर बाएँ पैर पर दाहिना पैर रखकर अधरों से उँगली लगाए चिन्ता में निमग्न बैठी है। बाहर कुछ कोलाहल होता है।)

सैनिक : **(प्रवेश करके)** महादेवी की जय हो!

ध्रुवस्वामिनी : **(चौंककर)** क्या!

सैनिक : विजय का समाचार सुनकर राजाधिराज भी दुर्ग में आ गए हैं। अभी तो वे सैनिकों से बातें कर रहे हैं, उन्होंने पूछा है, महादेवी कहाँ हैं? आपकी जैसी आज्ञा हो, क्योंकि कुमार ने कहा है...!

ध्रुवस्वामिनी : क्या कहा है? यही न कि मुझसे पूछकर राजा यहाँ आने पावें? ठीक है, अभी मैं बहुत थकी हूँ। **(सैनिक जाने लगता है, उसे रोककर)** और सुनो तो! तुमने यह नहीं बताया कि कुमार के घाव अब कैसे हैं?

सैनिक : घाव चिन्ताजनक नहीं हैं। उन पर पट्टियाँ बँध चुकी हैं। कुमार प्रधान-मंडप में विश्राम कर रहे हैं।

ध्रुवस्वामिनी : अच्छा जाओ। **(सैनिक का प्रस्थान)**

मन्दाकिनी : **(सहसा प्रवेश करके)** भाभी! बधाई है। **(जैसे भूलकर गई हो)** नहीं, नहीं! महादेवी क्षमा कीजिए।

ध्रुवस्वामिनी : मन्दा! भूल से ही तुमने आज एक प्यारी बात कह दी। उसे क्या लौटा लेना चाहती हो? आह! यदि वह सत्य होती?

(पुरोहित का प्रवेश)

मन्दाकिनी : क्या इसमें भी सन्देह है?

ध्रुवस्वामिनी : मुझे तो सन्देह का इन्द्रजाल ही दिखाई पड़ रहा है। मैं न तो महादेवी हूँ और न तुम्हारी भाभी **(पुरोहित को देखकर चुप हो जाती है)**।

पुरोहित : **(आश्चर्य से इधर-उधर देखता हुआ) तब मैं क्या करूँ**?

मन्दाकिनी : क्यों, आपको कुछ कहना है क्या?

पुरोहित : ऐसे उपद्रवों के बाद शान्तिकर्म होना आवश्यक है। इसीलिए मैं स्वस्त्ययन करने आया था; किन्तु आप तो कहती हैं कि मैं महादेवी ही नहीं हूँ।

ध्रुवस्वामिनी : **(तीखे स्वर में)** पुरोहित जी! मैं राजनीति नहीं जानती; किन्तु इतना समझती हूँ कि जो रानी शत्रु के लिए उपहार में भेज दी जाती है, वह महादेवी की उच्च पदवी से पहले ही वञ्चित हो गई होगी।

मन्दाकिनी : किन्तु आप तो भाभी होना भी अस्वीकार करती हैं।

ध्रुवस्वामिनी : भाभी कहने का तुम्हें रोग हो तो कह लो। क्योंकि इन्हीं पुरोहितजी ने उस दिन कुछ मन्त्रों को पढ़ा था। उस दिन के बाद मुझे कभी राजा से सरल सम्भाषण करने का अवसर ही न मिला। हाँ, न जाने मेरे किस अपराध की सन्दिग्ध चित्त होकर उन्होंने जब मुझे निर्वासित किया, तभी मैंने अपने स्त्री होने के अधिकार की रक्षा की भीख माँगी थी। वह भी न मिली और में बलि-पशु की तरह, अकरुण आज्ञा की डोरी में बँधी हुई शकदुर्ग में भेज दी गई। तब भी तुम मुझे भाभी कहना चाहती हो?

मन्दाकिनी : **(सिर झुकाकर)** यह गर्हित और ग्लानि-जनक प्रसङ्ग है।

पुरोहित : यह मैं क्या सुन रहा हूँ। मुझे तो यह जानकर प्रसन्नता हुई थी कि वीर रमणी की तरह अपने साहस के बल पर महादेवी ने इस दुर्ग पर अपना अधिकार किया है।

ध्रुवस्वामिनी : आप झूठ बोलते हैं।

पुरोहित : **(आश्चर्य से)** मैं और झूठ!

ध्रुवस्वामिनी : हाँ; आप और झूठ, नहीं स्वयं आप ही मिथ्या है।

पुरोहित : **(हँसकर)** क्या आप वेदान्त की बात कहती हैं? तब तो संसार मिथ्या है ही।

ध्रुवस्वामिनी : **(क्रोध से)** संसार मिथ्या है या नहीं, यह तो मैं नहीं जानती, परन्तु

आप, आपका कर्मकाण्ड और आपके शास्त्र क्या सत्य हैं, जो सदैव रक्षणीया स्त्री की यह दुर्दशा हो रही है?

पुरोहित : **(मन्दाकिनी से)** बेटी! तुम्ही बताओ, यह मेरा भ्रम है या महादेवी का रोष!

ध्रुवस्वामिनी : रोष है, हाँ, में रोष से जली जा रही हूँ। इतना बड़ा उपहास—धर्म के नाम पर स्त्री-आज्ञाकारिता की यह पैशाचिक परीक्षा, मुझसे बलपूर्वक ली गई है। पुरोहित! तुमने जो मेरा राक्षस-विवाह कराया है, उसका उत्सव भी कितना सुन्दर है! यह जन संहार देखो, अभी उस प्रकोष्ठ में रक्त सनी हुई शकराज की लोथ पड़ी होगी। कितने ही सैनिक दम तोड़ते होंगे, और इस रक्तधारा में तिरती हुई मैं राक्षसी-सी साँस ले रही हूँ। तुम्हारा स्वस्त्ययन मुझे शान्ति देगा?

मन्दाकिनी : आर्य! आप बोलते क्यों नहीं? आप धर्म के नियामक हैं। जिन स्त्रियों को धर्म-बन्धन में बाँधकर, उनकी सम्मति के बिना आप उनका सब अधिकार छीन लेते हैं, तब क्या धर्म के पास कोई प्रतिकार—कोई संरक्षण नहीं रख छोड़ते, जिससे वे स्त्रियाँ अपनी आपत्ति में अवलम्ब माँग सकें? क्या भविष्य के सहयोग की कोरी कल्पना से उन्हें आप सन्तुष्ट रहने की आज्ञा देकर विश्राम ले लेते हैं?

पुरोहित : नहीं, स्त्री और पुरुष का परस्पर विश्वासपूर्ण अधिकार रक्षा और सहयोग ही तो विवाह कहा जाता है। यदि ऐसा न हो तो धर्म और विवाह खेल है।

ध्रुवस्वामिनी : खेल हो या न हो, किन्तु एक क्लीव पति के द्वारा परित्यक्ता नारी का मृत्युमुख में जाना ही मङ्गल है। उसे स्वस्त्ययन और शान्ति की आवश्यकता नहीं।

पुरोहित : **(आश्चर्य से)** यह मैं क्या सुन रहा हूँ। विश्वास नहीं होता। यदि ये बातें सत्य हैं, तब तो मुझे फिर से एक बार धर्मशास्त्र को देखना पड़ेगा। **(प्रस्थान)**

(मिहिरदेव के साथ कोमा का प्रवेश)

ध्रुवस्वामिनी : तुम लोग कौन हो?

कोमा : मैं पराजित शक-जाति की एक बालिका हूँ।

ध्रुवस्वामिनी : और...?

कोमा : और मैंने प्रेम किया था।

ध्रुवस्वामिनी : इस घोर अपराध का तुम्हें क्या दंड मिला?

कोमा : वही, जो स्त्रियों का प्रायः मिला करता है—निराशा! निष्पीड़न! और उपहास!! रानी, मैं तुमसे भीख माँगने आई हूँ।

ध्रुवस्वामिनी : शत्रुओं के लिए मेरे पास कुछ नहीं है। अधिक हठ करने पर दण्ड मिलना भी असम्भव नहीं।

मिहिरदेव : **(दीर्घ निःश्वास लेकर)** पागल लड़की, हो चुका न? अब भी तू न चलेगी?

(कोमा सिर झुका लेती है)

मन्दाकिनी : तुम चाहती क्या हो?

कोमा : रानी, तुम भी स्त्री हो। क्या स्त्री का व्यथा न समझोगी? आज तुम्हारी विजय का अन्धकार तुम्हारे शाश्वत स्त्रीत्व को ढँक ले, किन्तु सबके जीवन में एक बार प्रेम की दीपावली जलती है। जली होगी अवश्य। तुम्हारे भी जीवन में वह आलोक का महोत्सव आया होगा, जिसमें हृदय, हृदय को पहचानने का प्रयत्न करता है, उदार बनता है और सर्वस्व दान करने का उत्साह रखता है। मुझे शकराज का शव चाहिए।

ध्रुवस्वामिनी : **(सोचकर)** जलो, प्रेम के नाम पर जलना चाहती हो तो तुम उस शव को ले जाकर जलो, जीवित रहने पर मालूम होता है कि तुम्हें अधिक शीतलता मिल चुकी है। अवश्य तुम्हारा जीवन धन्य है। **(सैनिक से)** इसे ले जाने दो।

(कोमा का प्रस्थान)

मन्दाकिनी : स्त्रियों के इस बलिदान का भी कोई मूल्य नहीं। कितनी असहाय दशा है। अपने निर्बल और अवलम्बन खोजने वाले हाथों से यह पुरुषों के चरणों को पकड़ती हैं और वह सदैव ही इनको तिरस्कार, घृणा और दुर्दशा की भिक्षा से उपकृत करता है। तब भी यह बावली मानती है?

ध्रुवस्वामिनी : भूल है—भ्रम है। **(ठहरकर)** किन्तु उसका कारण भी है। पराधीनता की एक परम्परा-सी उनकी नस-नस में—उनकी चेतना में न जाने

किस युग से घुस गई है। उन्हें समझकर भी भूल करनी पड़ती है। क्या वह मेरी भूल न थी—जब मुझे निर्वासित किया गया, तब मैं अपनी आत्म-मर्यादा के लिए कितनी तड़प रही थी और राजाधिराज रामगुप्त के चरणों में रक्षा के लिए गिरी, पर कोई उपाय चला? नहीं। पुरुषों की प्रभुता का जाल मुझे अपने निर्दिष्ट पथ पर ले ही आया। मन्दा! दुर्ग की विजय मेरी सफलता है या मेरा दुर्भाग्य, इसे मैं नहीं समझ सकी हूँ। राजा से मैं सामना करना नहीं चाहती। पृथ्वीतल से जैसे एक साकार घृणा निकलकर मुझे अपने पीछे लौट चलने का सङ्केत कर रही है। क्यों, क्या यह मेरे मन का कलुष है? क्या मैं मानसिक पाप कर रही हूँ? **(उन्मत्त भाव से प्रस्थान)**

मन्दाकिनी : नारी हृदय, जिसके मध्य-विन्दु से हटकर, शास्त्र का एक मन्त्र, कील की तरह गड़ गया है और उसे अपने सरल प्रवर्तन-चक्र में घूमने से रोक रहा है, निश्चय ही वह कुमार चन्द्रगुप्त की अनुरागिनी है।

चन्द्रगुप्त : **(सहसा प्रवेश करके)** कौन?—मन्दा!

मन्दाकिनी : अरे कुमार! अभी थोड़ा विश्राम करते।

चन्द्रगुप्त : **(बैठते हुए)** विश्राम! मुझे कहाँ विश्राम? मैं अभी यहाँ से प्रस्थान करने वाला हूँ। मेरा कर्तव्य पूर्ण हो चुका। अब यहाँ मेरा ठहरना अच्छा नहीं।

मन्दाकिनी : किन्तु भाभी की जो बुरी दशा है।

चन्द्रगुप्त : क्यों, उन्हें क्या हुआ? **(मन्दाकिनी चुप रहती है)** बोलो, मुझे अवकाश नहीं! राजाधिराज का सामना होते ही क्या हो जाएगा—मैं नहीं कह सकता। क्योंकि अब यह राजनीतिक छल-प्रपञ्च मैं नहीं सह सकता।

मन्दाकिनी : किन्तु उन्हें इस असहाय अवस्था में छोड़कर आपका जाना क्या उचित होगा? और...**(चुप रह जाती है)**

चन्द्रगुप्त : और क्या...वह क्यों नहीं कहती हो?

मन्दाकिनी : तो क्या उसे भी कहना होगा? महादेवी बनने के पहले ध्रुवस्वामिनी का जो मनोभाव था, वह क्या आपसे छिपा है?

चन्द्रगुप्त : किन्तु मन्दाकिनी! उसकी चर्चा करने से क्या लाभ?

मन्दाकिनी : हृदय में नैतिक साहस—वास्तविक प्रेरणा और पौरुष की पुकार एकत्र करके सोचिए तो कुमार, कि अब आपको क्या करना चाहिए? **(चन्द्रगुप्त चिन्तित भाव से टहलने लगता है। नेपथ्य में कुछ लोगों के आने-जाने का शब्द और कोलाहल)** देखूँ तो यह क्या है? और महादेवी कहाँ गई? **(प्रस्थान)**

चन्द्रगुप्त : विधान की स्याही का एक बिन्दु गिरकर भाग्य-लिपि पर कालिमा चढ़ा देता है। मैं आज यह स्वीकार करने सें भी सङ्कुचित हो रहा हूँ कि ध्रुवस्वामिनी मेरी है। **(ठहरकर)** हां, वह मेरी है उसे मैंने आरम्भ से ही अपनी सम्पूर्ण भावना से प्यार किया है। मेरे हृदय के गहन अन्तस्थल से निकली हुई यह मूक स्वीकृति आज बोल रही है। मैं पुरुष हूँ? नहीं, मैं अपनी आँखों से अपना वैभव और अधिकार दूसरों को अन्याय से छीनते देख रहा हूँ और मेरी वाग्दत्ता पत्नी मेरे ही अनुत्साह से आज मेरी नहीं रही। नहीं, यह शील का कपट, मोह और प्रवञ्चना है। मैं जो हूँ, वही तो नहीं स्पष्ट रूप से प्रकट कर सका। यह कैसी विडम्बना है! विनय के आवरण में मेरी कायरता अपने को कब तक छिपा सकेगी?

(एक ओर से मन्दाकिनी का प्रवेश)

मन्दाकिनी : शकराज का शव लेकर जाते हुए आचार्य और उसकी कन्या का राजाधिकार के साथी सैनिकों ने वध कर डाला!

ध्रुवस्वामिनी : **(दूसरी ओर से प्रवेश करके)** ऐं!

(सामन्त-कुमारों का प्रवेश)

सामन्त कुमार : **(सब एक साथ ही)** स्वामिनी! आपकी आज्ञा के विरुद्ध राजाधिकार ने निरीह शकों का संहार करवा दिया है।

ध्रुवस्वामिनी : फिर आप लोग इतने चंचल क्यों हैं? राजा को आज्ञा देनी चाहिए और प्रजा को नत मस्तक होकर उसे मानना होगा।

सामन्त कुमार : किन्तु अब वह असह्य है। राजसत्ता के अस्तित्व की घोषणा के लिए इतना भयङ्कर प्रदर्शन। मैं तो कहूंगा, इस दुर्ग में, आपकी आज्ञा के बिना राजा का आना अन्याय है।

ध्रुवस्वामिनी : मेरे वीर सहायको! मैं तो स्वयं एक परित्यक्ता और हतभागिनी

स्त्री हूँ। मुझे तो अपनी स्थिति की कल्पना से भी क्षोभ हो रहा है। मैं क्या कहूँ?

सामन्त-कुमार : मैं सच कहता हूँ, रामगुप्त जैसे राजपद को कलुषित करने वाले के लिए मेरे हृदय में तनिक भी श्रद्धा नहीं। विजय का उत्साह दिखाने यहाँ वे किस मुँह से आए, जो हिसङ्क, पाखण्डी, क्षीव और क्लीव हैं।

रामगुप्त : **(सहसा शिखरस्वामी के साथ प्रवेश करके)** क्या कहा? फिर से तो कहना!

सामन्त कुमार : गुप्त-काल के गौरव का कलङ्क-कालिमा के सागर में निमज्जित करने वाले...!

शिखरस्वामी : **(उसे बीच में ही रोककर)** चुप रहो! क्या तुम लोग किसी के बहकाने से आवेश में आ गए हो? **(चन्द्रगुप्त की ओर देखकर)** कुमार! यह क्या हो रहा है?

(चन्द्रगुप्त उत्तर देने की चेष्टा करके चुप रह जाता है।)

रामगुप्त : दुर्विनीत, पाखण्डी, पामरो! तुम्हें इस धृष्टता का क्रूर दण्ड भोगना पड़ेगा। **(नेपथ्य की ओर देखकर)** इन विद्रोहियों को बन्दी करो।

(रामगुप्त के सैनिक आकर सामान्त-कुमारों को बन्दी बनाते हैं। रामगुप्त का सङ्केत पाकर सैनिक लोग चन्द्रगुप्त की ओर भी बढ़ते हैं। और चन्द्रगुप्त शृंखला में बँध जाता है।)

ध्रुवस्वामिनी : कुमार! मैं कहती हूँ कि तुम प्रतिवाद करो। किस अपराध के लिए यह दण्ड ग्रहण कर रहे हो?

(चन्द्रगुप्त एक दीर्घ निःश्वास लेकर चुप रह जाता है)

रामगुप्त : **(हँसकर)** कुचक्र करने वाले क्या बोलेंगे?

ध्रुवस्वामिनी : और जो लोग बोल सकते हैं; जो अपनी पवित्रता की दुन्दुभी बजाते हैं, वे सब-के-सब साधु होते हैं न? **(चन्द्रगुप्त से)** कुमार! तुम्हारी जिह्वा पर कोई बन्धन नहीं। कहते क्यों नहीं कि मेरा यही अपराध है कि मैंने कोई अपराध नहीं किया?

रामगुप्त : महादेवी!

ध्रुवस्वामिनी : **(उसे न सुनते हुए चन्द्रगुप्त से)** झटक दो इन लौह-शृंखलाओं को! यह मिथ्या ढोंग कोई नहीं सहेगा। तुम्हारा क्रुद्ध दुर्दैव भी

नहीं।

रामगुप्त : **(डाँटकर)** महादेवी! चुप रहो!

ध्रुवस्वामिनी : **(तेजस्विता से)** कौन महादेवी! राजा, क्या अब भी मैं महादेवी ही हूँ? जो शकराज की शय्या के लिए क्रीतदासी की तरह भेजी गई हो, वह भी महादेवी! आश्चर्य!

शिखरस्वामी : देवि, इस राजनीतिक चातुरी में जो सफलता...

ध्रुवस्वामिनी : **(पैर पटककर)** चुप रहो प्रवञ्चना के पुतले! स्वार्थ से घृणित प्रपञ्च! चुप रहो।

रामगुप्त : तो तुम महादेवी नहीं हो न?

ध्रुवस्वामिनी : नहीं! मनुष्य की दी हुई मैं उपाधि लौटा देती हूँ।

रामगुप्त : और मेरी सहधर्मिणी?

ध्रुवस्वामिनी : धर्म ही इसका निर्णय करेगा।

रामगुप्त : ऐं, क्या इसमें भी सन्देह!

ध्रुवस्वामिनी : उसे अपने हृदय से पूछिए कि क्या मैं वास्तव में सहधर्मिणी हूँ? **(पुरोहित का प्रवेश। सामने सबको देखकर चौंक उठता है। शिखरस्वामी चले जाने का सङ्केत करता है।)**

पुरोहित : नहीं, मैं नहीं जाऊँगा। प्राणि-मात्र के अन्तस्थल में जाग्रत रहने वाले महान् विचारक धर्म की आज्ञा मैं न टाल सकूँगा। अभी जो प्रश्न, अपनी गम्भीरता में भीषण होकर आप लोगों को विचलित कर रहा है, मैं ही उसका उत्तर देने का अधिकारी हूँ। विवाह का धर्मशास्त्र से घनिष्ठ सम्बन्ध है।

ध्रुवस्वामिनी : आप सत्यवादी ब्राह्मण हैं। कृपा करके बतलाइए...

शिखरस्वामी : **(विनय से उसे रोककर)** मैं समझता हूँ कि यह विवाद अधिक बढ़ाने से कोई लाभ नहीं!

ध्रुवस्वामिनी : नहीं, मेरी इच्छा इस विवाद का अन्त करने की है। आज यह निर्णय हो जाना चाहिए कि मैं कौन हूँ?

रामगुप्त : ध्रुवस्वामिनी, निर्लज्जता की भी एक सीमा होती है।

ध्रुवस्वामिनी : मेरी निर्लज्जता का दायित्व क्लीव कापुरुष पर है। स्त्री की लज्जा लूटने वाले उस दस्यु के लिए मैं...।

रामगुप्त : **(रोककर)** चुप रहो! तुम्हारा पर-पुरुष में अनुरक्त हृदय अत्यन्त

कलुषित हो गया है। तुम काल-सर्पिणी सी स्त्री! ओह, तुम्हें धर्म का तनिक भी भय नहीं! शिखर! इस भी बन्दी करो।

पुरोहित : ठहरिए! महाराज ठहरिए!! धर्म की ही बात मैं सोच रहा था।

शिखरस्वामी : **(क्रोध से)** मैं कहता हूँ कि तुम चुप न रहोगे तो तुम्हारी भी यही दशा होगी।

(सैनिक आगे बढ़ता है)

मन्दाकिनी : **(उसे रोककर)** महाराज, पुरुषार्थ का इतना बड़ा प्रहसन। अबला पर ऐसा अत्याचार!! यह गुप्त-सम्राट् के लिए शोभा नहीं देता।

रामगुप्त : **(सैनिकों से)** क्या देखते हो जी!

(सैनिक आगे बढ़ता है और चन्द्रगुप्त आवेश में आकर लौह-शृंखला तोड़ डालता है। सब आश्चर्य और भय से देखते हैं।)

चन्द्रगुप्त : मैं भी आर्य समुद्रगुप्त का पुत्र हूँ। और शिखरस्वामी, तुम यह अच्छी तरह जानते हो कि मैं ही उनके द्वारा निर्वाचित युवराज भी हूँ। तुम्हारी नीचता अब असह्य है। तुम अपने राजा को लेकर इस दुर्ग से सकुशल बाहर चले जाओ। यहाँ अब मैं ही शकराज के समस्त अधिकारों का स्वामी हूं।

रामगुप्त : **(भयभीत होकर चारों ओर देखता हुआ)** क्या?

ध्रुवस्वामिनी : **(चन्द्रगुप्त से)** यही तो कुमार!

चन्द्रगुप्त : **(सैनिक से डपटकर)** इन सामन्त-कुमारों को मुक्त करो?

(सैनिक वैसा ही करते हैं और शिखरस्वामी के सङ्केत से रामगुप्त धीरे-धीरे भय से पीछे हटता हुआ बाहर चला जाता है।)

शिखरस्वामी : कुमार! इस कलह को मिटाने के लिए हम लोगों को परिषद् का निर्णय माननीय होना चाहिए। मुझे आपके आधिपत्य से कोई विरोध नहीं है, किन्तु सब काम विधान के अनुकुल होना चाहिए। मैं कुल-वृद्धों को और सामन्तों को, जो यहाँ उपस्थित हैं, लिवा लाने जाता हूँ।

(सैनिक लोग और भी मंच ले आते हैं और सामन्त-कुमार अपने खड्गों को खींचकर चन्द्रगुप्त के पीछे खड़े हो जाते हैं। ध्रुवस्वामिनी और चन्द्रगुप्त परस्पर एक-दूसरे को देखते हुए खड़े रहते हैं। परिषद् के साथ रामगुप्त का प्रवेश। सब लोग मञ्च पर बैठते

हैं।)

पुरोहित : कुमार! आसन ग्रहण कीजिए।

चन्द्रगुप्त : मैं अभियुक्त हूँ।

शिखरस्वामी : बीती हुई बातों को भूल जाने में ही भलाई है। भाई-भाई की तरह गले से लगकर गुप्त कुल का गौरव बढ़ाइए।

चन्द्रगुप्त : अमात्य, तुम गौरव किसको कहते हो? वह है कहीं? रोग-जर्जर शरीर अलंकारों की सजावट, मलिनता और कलुष की ढेरी पर बाहरी कुमकुम-केसर का लेप गौरव नहीं बढ़ता। कुटिलता की प्रतिमूर्ति, बोलो! मेरी वाग्दत्ता पत्नी और पिता द्वारा दिए हुए मेरे सिंहासन का अपहरण किसके सङ्केत से हुआ? और छल से...।

रामगुप्त : यह उन्मत्त प्रलाप बन्द करो। चन्द्रगुप्त तुम मेरे भाई ही हो न! मैं तुमको क्षमा करता हूँ।

चन्द्रगुप्त : मैं उसे माँगता नहीं और क्षमा देने का अधिकार भी तुम्हारा नहीं रहा। आज तुम राजा नहीं हो। तुम्हारे पाप प्रायश्चित्त की पुकार कर रहे हैं। न्यायपूर्ण निर्णय के लिए प्रतीक्षा करो और अभियुक्त बनकर अपने अपराधों को सुनो।

मन्दाकिनी : (**ध्रुवस्वामिनी को आगे खींचकर**) यह है गुप्तकुल की वधू।

रामगुप्त : मन्दा।

मन्दाकिनी : राजा का भय, मंदा का गला नहीं घोंट सकता। तुम लोगों को यदि कुछ भी बुद्धि होती, तो इस अपनी कुल-मर्यादा, नारी को, शत्रु के दुर्ग में यों न भेजते। भगवान् ने स्त्रियों को उत्पन्न करके ही अधिकारों से वंचित नहीं किया है। किन्तु तुम लोगों की दस्युवृत्ति ने उन्हें लूटा है। इस परिषद् से मेरी प्रार्थना है कि आर्य समुद्रगुप्त का विधान तोड़कर जिन लोगों ने राजकिल्विष किया हो उन्हें दण्ड मिलना चाहिए।

शिखरस्वामी : तुम क्या कह रही हो?

मन्दाकिनी : मैं तुम लोगों की नीचता की गाथा सुन रही हूँ। अनार्य! सुन नहीं सकते? तुम्हारी प्रवञ्चनाओं ने जिस नरक की सृष्टि की है उनका अन्त समीप है। यह साम्राज्य किसका है? आर्य समुद्रगुप्त ने किसे युवराज बनाया था? चन्द्रगुप्त को या इस क्लीव रामगुप्त

को? जिसने छल और बल से विवाह करके भी इस नारी को अन्य पुरुष की अनुरागिनी बताकर दण्ड देने के लिए आज्ञा दी है? वही रामगुप्त, जिसने कापुरुषों की तरह इस स्त्री को शत्रु के दुर्ग में बिना विरोध किए भेज दिया था, तुम्हारे गुप्त-सम्राज्य का सम्राट् है। और यह ध्रुवस्वामिनी! जिसे कुछ दिनों तक तुम लोगों ने महादेवी कहकर सम्बोधित किया है, वह क्या है? कौन है? और उसका कैसा अस्तित्व है? कहीं धर्मशास्त्र हो तो उसका मुँह खुलना चाहिए।

पुरोहित : शिखर, मुझे अब भी बोलने दोगे या नहीं। मैं राज्य के सम्बन्ध में कुछ नहीं कहना चाहता। वह तुम्हारी राजनीति जाने। किन्तु इस विवाह के सम्बन्ध में तो मुझे कुछ कहना ही चाहिए।

गुप्तकुल का एक वृद्ध : कहिए देव, आप ही तो धर्मशास्त्र के मुख हैं।

पुरोहित : विवाह की विधि ने देवी ध्रुवस्वामिनी और रामगुप्त को एक भ्रान्तिपूर्ण बन्धन में बाँध दिया है। धर्म का उद्देश्य इस तरह पद दलित नहीं किया जा सकता। माता और पिता के प्रमाण के कारण से धर्म-विवाह केवल परस्पर द्वेष से टूट नहीं सकते; परन्तु यह सम्बन्ध उस प्रमाणों से भी विहीन है। और भी (**रामगुप्त को देखकर**) यह रामगुप्त मृत और प्रव्रजित तो नहीं, पर गौरव से नष्ट, आचरण से पतित और कर्मों से राजकिल्विषी क्लीव है। ऐसी अवस्था में रामगुप्त का ध्रुवस्वामिनी पर कोई अधिकार नहीं।

रामगुप्त : (**खड़ा होकर क्रोध से**) मूर्ख! तुमको मृत्यु का भय नहीं!

पुरोहित : तनिक भी नहीं। ब्राह्मण केवल धर्म से भयभीत है। अन्य किसी भी शक्ति को वह तुच्छ समझता है। तुम्हारे बधिक मुझे धार्मिक सत्य कहने से रोक नहीं सकते। उन्हें बुलाओ, मैं प्रस्तुत हूँ।

मन्दाकिनी : धन्य हो ब्रह्मदेव!

शिखरस्वामी : किन्तु निर्भीक पुरोहित, तुम क्लीव शब्द का प्रयोग कर रहे हो!

पुरोहित : (**हँसकर**) राजनीतिक दस्यु! तुम शास्त्रार्थ न करो। क्लीव! श्रीकृष्ण ने अर्जुन को क्लीव किसलिए कहा? जिसे अपनी स्त्री को दूसरे की अङ्गगामिनी बनने के लिए भेजने में कुछ सङ्कोच नहीं वह

क्लीव नहीं तो और क्या है? मैं स्पष्ट कहता हूँ कि धर्मशास्त्र रामगुप्त से ध्रुवस्वामिनी के मोक्ष की आज्ञा देता है।

परिषद् के सब लोग : अनार्य, पतित और क्लीव रामगुप्त, गुप्त-साम्राज्य के पवित्र राज्य-सिंहासन पर बैठने का अधिकारी नहीं।

रामगुप्त : (सशङ्क और भयभीत-सा इधर-उधर देखकर) तुम सब पाखण्डी हो, विद्रोही हो। मैं अपने न्यायपूर्ण अधिकार को तुम्हारे-जैसे कुत्तों को भौंकने पर न छोड़ दूँगा।

शिखरस्वामी : किन्तु परिषद् का विचार तो मानना ही होगा।

रामगुप्त : (रोने के स्वर में) शिखर! तुम भी ऐसे कहते हो? नहीं, मैं यह न मानूँगा।

ध्रुवस्वामिनी : राम! तुम अभी इस दुर्ग के बाहर जाओ।

रामगुप्त : ऐं? यही परिवर्तन? तो मैं सचमुच क्लीव हूँ क्या?

(धीरे-धीरे हटता हुआ चन्द्रगुप्त के पीछे पहुँचकर उसे कटार निकालकर मारना चाहता है। चन्द्रगुप्त को विपिन्न देखकर कुछ लोग चिल्ला उठते हैं। जब तक चन्द्रगुप्त घूमता है। तब तक एक सामन्त-कुमार रामगुप्त पर प्रवाह करके चन्द्रगुप्त की रक्षा कर लेता है। रामगुप्त गिर पड़ता है।)

सामन्त-कुमार : राजाधिराज चन्द्रगुप्त की जय!

परिषद् : महादेवी ध्रुवस्वामिनी की जय!

[यवनिका]